CB003777

Energia

Escrito por Chris Woodford

Consultor da coleção: Dr. Jon Woodcock

Tradução de Alba Marcondes

A DORLING KINDERSLEY BOOK
WWW.DK.COM

Título Original: *See for yourself – Energy*
Primeira edição publicada na Grã-Bretanha em 2007 pela Dorling Kindersley Limited,
80 Strand, Londres WC2R 0RL.

Créditos da edição inglesa:

Editor Niki Foreman
Senior editor Fran Jones
Assistant editor Jenny Finch
US editor Margaret Parrish
Senior art editor Smiljka Surla
Art editors Sheila Collins, Spencer Holbrook, Philip Letsu, and Stefan Podhorodecki
Managing editor Linda Esposito
Managing art editor Diane Thistlethwaite
Publishing manager Andrew Macintyre
Category publisher Laura Buller
Design development manager Sophia M. Tampakopoulos
Picture research Louise Thomas
DK picture library Claire Bowers
Production controller Erica Rosen
DTP designer Andy Hilliard
Jacket editor Mariza O'Keeffe
Jacket designers Jacqui Swan, Smiljka Surla
Illustrations Dave Cockburn

Créditos da edição brasileira:

Diretora editorial Eliana Maia Lista
Editora executiva Otacília de Freitas
Editor de literatura Vitor Maia
Assistente editorial Camile Mendrot e Pétula Lemos
Tradução Alba Marcondes
Preparação de texto Vanessa Spagnul
Revisão técnica Nanci Vieira
Revisão de texto Ana Paula Santos, Janaína Mello, Patrícia Vilar
Diagramação 13 Arte Design
Finalização de arquivo Thiago Nieri
Assessoria de imprensa Paula Thomaz
Supervisão Gráfica Rose Pedroso
Gerente de vendas e divulgação Lina Arantes Freitas

Dados Internacionais de Catalogação na Publicação (CIP)
(Câmara Brasileira do Livro, SP, Brasil)

Woodford, Chris
Energia / escrito por Chris Woodford ; consultor Jon Woodcock ;
traduzido por Alba Marcondes. — São Paulo : DCL, 2008.

Título original: Energy
ISBN 978-85-368-0389-0

1. Força e energia - Literatura infanto-juvenil 2. Recursos energéticos - Literatura infanto-juvenil 3. Literatura infanto-juvenil I. Woodford, Jon. II. Título.

08-00947 CDD – 028.5

Índices para catálogo sistemático:

1. Energia : Literatura infanto-juvenil
2. Energia : Literatura juvenil

Editora DCL – Difusão Cultural do Livro Ltda.
Rua Manuel Pinto de Carvalho, 80 – Bairro do Limão
CEP 02712-120 – São Paulo – SP
Tel.: (0xx11) 3932-5222
www.editoradcl.com.br
dcl@editoradcl.com.br

Conteúdo

O que faz a energia?

A energia move o nosso mundo. Quer ver? Nós colocamos combustível em nossos carros, alimentos em nosso estômago e baterias em nossos brinquedos porque o combustível, os alimentos e as baterias são convertidos em energia, e tudo no nosso mundo precisa dela para trabalhar. A energia se manifesta na luz, na cor, nos sons e no movimento. Sem ela, a vida não seria possível – nada poderia crescer, mover-se ou ser sentido; o mundo, então, seria um lugar sombrio, frio e sem vida.

O celular possui uma **bateria** que armazena energia elétrica.

A **água** armazenada originou-se de uma nuvem que se precipitou em forma de chuva. Isso foi possível por causa da energia solar.

As **solas flexíveis** de um tênis armazenam e liberam energia a cada passo.

De onde surgiu a energia?

Grande parte da energia empregada por nós provém do Sol, que funciona como uma bateria gigante alimentando o nosso mundo. De onde, porém, o Sol obtém sua energia? Os cientistas acreditam que toda energia existente foi criada no início do Universo, em uma explosão gigante chamada Big Bang. Desde então, nenhuma outra energia foi criada e acredita-se que nem será.

Energia em toda parte

Tudo o que existe é classificado como matéria ou como energia – e matéria (as coisas à nossa volta, como a água ou um par de tênis) também é um tipo de energia. Há uma lei básica do Universo segundo a qual nós não podemos criar ou destruir energia, mas apenas transformá-la de uma forma em outra.

Em um segundo...

... o Sol produz energia suficiente para alimentar a Terra durante um milhão de anos.

... a população mundial gasta a mesma energia contida em três mil toneladas de petróleo.

... mais de 750 barris de petróleo são retirados do solo.

... uma única turbina de vento gera energia suficiente para esquentar 60 xícaras de chá.

Energia é normalmente invisível

Em algumas situações, como quando o Sol brilha ou quando o fogo queima, nós podemos ver a energia. Entretanto, na maioria das vezes, ela é invisível. O Sol quente do verão pode aquecer uma rocha a ponto de ser possível fritar um ovo sobre ela, mas isso não modifica o seu aspecto, ou seja, a rocha continua com a mesma aparência que teria num dia frio de inverno. Isso acontece porque o calor é invisível.

Energia indomável

Oceanos em fúria, relâmpagos e raios resultantes de tempestades e raios solares quentes possuem enorme quantidade de energia. Para se ter uma idéia, uma tempestade torrencial em uma área extensa é capaz de liberar energia equivalente à necessária para um avião Jumbo realizar o trajeto entre Londres e Nova York. No entanto, apesar de estarmos rodeados de energia, existem poucas maneiras de capturá-la e utilizá-la.

Músculos transformam o açúcar do sangue e a gordura corporal em energia útil.

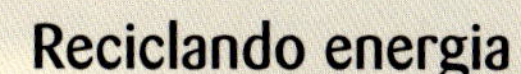

Reciclando energia

A energia nunca se esgota, o que ocorre é que ela está em constante mudança de forma. Árvores utilizam a energia do Sol para crescer. Mesmo que queimemos a árvore, nós não destruímos a energia contida nela. Quando a madeira da árvore queima, sua energia é liberada na forma de calor e luz.

Energia potencial

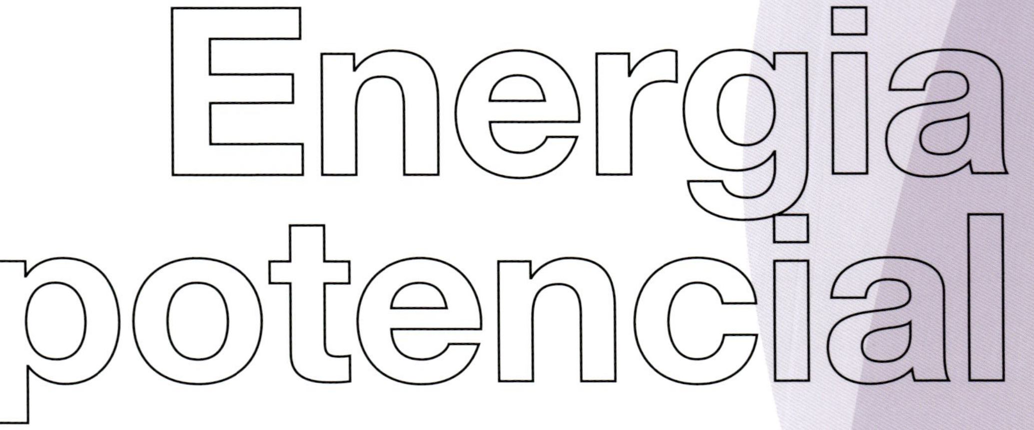

Toda energia existente em nosso mundo se encaixa em uma das seguintes situações: ou ela está funcionando ativamente ou está armazenada, pronta para, no futuro, entrar em atividade. Energia armazenada é chamada de energia potencial porque apresenta habilidade (ou potencial) para fazer algo mais tarde. A energia potencial pode existir em diversos locais – no centro do Sol e nas pernas de uma pulga, por exemplo. Existem cinco categorias de energia potencial: de posição, elétrica, nuclear, química e mecânica.

Em um edifício, pessoas que estão em um andar mais alto têm mais energia potencial.

Energia potencial de posição

Uma pedra posicionada no topo de uma colina tem o potencial de rolar para baixo, ganhando velocidade conforme rola. Em outras palavras, apresenta muita energia potencial graças à sua posição. Da mesma forma, as pessoas que estão nos andares mais altos de um prédio de escritórios têm mais energia potencial do que aquelas dos andares mais baixos, por causa da sua posição.

Pessoas que ocupam o oitavo andar de um edifício têm oito vezes mais energia potencial do que aquelas que estão no primeiro andar.

Energia potencial elétrica

Enquanto nuvens carregadas ecoam trovoadas no céu, cristais de gelo e gotas de água se chocam dentro delas. Isso faz com que seja gerada energia elétrica (eletricidade estática) dentro das nuvens, que têm o potencial de liberar, na forma de um raio, essa eletricidade gerada e armazenada. Portanto, uma nuvem carregada possui energia potencial elétrica.

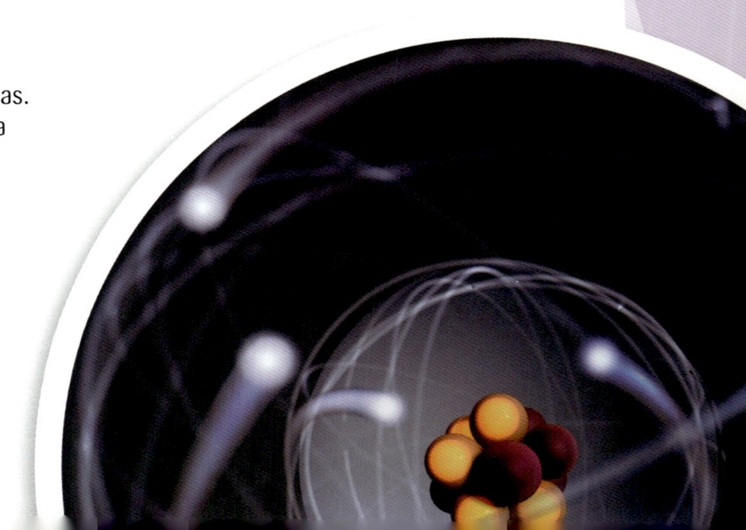

Uma pessoa em pé possui mais energia potencial do que uma pessoa sentada.

Energia potencial nuclear

Tudo no mundo é constituído por pequenas partículas chamadas átomos. Os átomos são compostos por partículas ainda menores que se mantêm juntas por causa da energia. A maior parte da matéria de um átomo está concentrada no centro, ou núcleo. Quando um átomo se divide, seu núcleo se desintegra e libera energia. Dizemos que um átomo possui energia potencial nuclear quando ele pode liberar energia do seu núcleo.

Energia potencial química

As fêmeas dos vaga-lumes produzem dois tipos de elementos químicos em seus abdômens: a luciferina e a luciferase. Quando elas pretendem atrair um parceiro, a energia potencial desses elementos químicos se converte em luz, que é emitida através de seus abdômens. Em outras palavras, vaga-lumes armazenam energia potencial química, assim como as baterias.

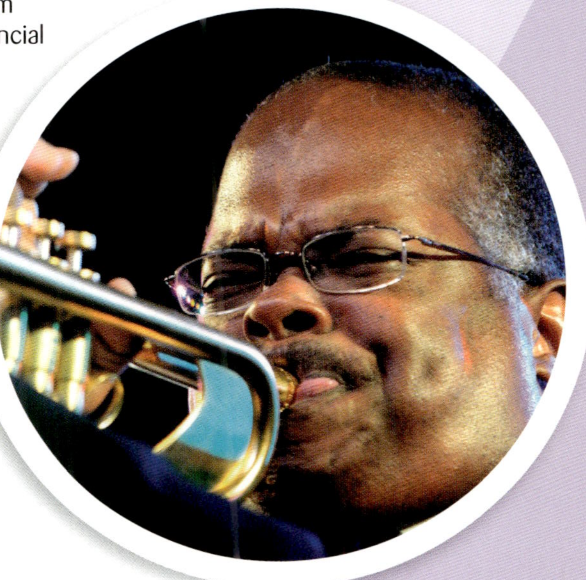

Utilizando e armazenando energia potencial

É necessário certo esforço para subir uma escada, em virtude da força da gravidade, que puxa os corpos para baixo constantemente. Enquanto se sobe, precisa-se trabalhar contra essa força, utilizando a energia armazenada no corpo. Quanto mais alto tiver de subir, mais trabalho terá para chegar e, conseqüentemente, mais gasto de energia. Em contrapartida, quanto mais alto se chega, mais energia potencial se ganha. Então, quando alguém atinge o oitavo andar, seu corpo terá gasto energia para subir, mas também terá ganhado quase o mesmo nível de energia potencial.

Energia potencial mecânica

Ao encher a boca de ar, um instrumentista armazena energia potencial que poderá ser convertida em energia sonora pelo seu trompete. Da mesma forma, a corda de um arco, quando puxada para trás, armazena energia suficiente para disparar uma flecha no ar. Esses são exemplos de energia potencial mecânica (ou elástica) porque envolvem uma mudança de estado.

Quando pronta para pular, uma pulga armazena energia potencial em suas patas.

Como a energia é medida?	Unidades de energia	Lâmpadas de baixo consumo	Xícara de café quente	Usina nuclear
	A energia é medida em unidades chamadas Joules (J). Um Joule é a quantidade de energia necessária para erguer uma pequena massa de 100 g à altura de um metro.	utilizam 11 J por segundo	contém 34.000 J de energia	produz 1.600.000.000 J por segundo

Energia de movimento

Pulgas podem pular incríveis 33 centímetros – mais de cem vezes o comprimento do seu próprio corpo. Elas fazem isso graças à energia potencial armazenada nos músculos das suas patas. Quando pulam, seus músculos transformam energia potencial em energia cinética, lançando-as ao ar.

Energia em ação

Tudo o que possui energia potencial pode utilizá-la para fazer alguma coisa. Carrinhos de uma montanha-russa utilizam essa energia para descer e ganhar velocidade. A energia potencial é usada gradualmente; ela não desaparece, mas sim se converte em energia cinética. Os objetos possuem energia cinética quando estão gerando energia elétrica, calor ou luz, produzindo som, ou então realizando algum movimento. Existem cinco tipos de energia cinética: elétrica, sonora, térmica, luminosa e de movimento.

Transformando energia potencial

Conforme o carro de uma montanha-russa sobe e desce, ele repetidamente converte energia potencial de posição em energia cinética gerada pelo movimento, para depois a converter novamente em energia potencial. No entanto, alguma energia sempre é gasta no trabalho contra a resistência do ar e no atrito. É por isso que o carro vai perdendo energia até, finalmente, parar.

A energia cinética atinge seu valor máximo quando o carro passa pelos declives entre as "montanhas".
A energia potencial atinge seu valor máximo no topo das "montanhas".
A energia cinética leva o carro ao topo e se transforma de novo em energia potencial.
A corrida acaba quando a maior parte da energia potencial foi perdida no atrito.

Energia elétrica

A energia potencial elétrica armazenada em uma nuvem de trovoada é liberada por meio de raios, que atingem o chão. Cada raio converte um pouco da eletricidade estática das nuvens (energia potencial elétrica) em corrente elétrica (energia cinética elétrica). Quando um raio atinge o chão, ele libera aproximadamente a mesma quantidade de energia que uma usina média gera em um segundo.

Energia sonora

Ao puxar as cordas de uma harpa, você dá a elas energia potencial. E, ao soltá-las, conforme as cordas vibram, você converte essa energia potencial em energia cinética. A vibração das cordas move as moléculas do ar em torno delas, emitindo a energia sonora pelo ar.

Energia térmica

O calor é um tipo de energia cinética – às vezes chamada de energia térmica. Quando um fogão a gás é aceso, ele transforma a energia potencial química armazenada no gás em energia térmica. A energia térmica aquece a panela; com isso, as moléculas de água contidas na panela se movem rapidamente, fazendo a água ferver e cozinhar os alimentos.

Energia luminosa

A luz é um outro tipo de energia cinética. Ela é produzida por ondas elétricas e magnéticas, que se movem entre dois pontos numa trajetória retilínea, carregando energia. Isso se chama radiação eletromagnética (ou, às vezes, energia radiante). Nenhum outro tipo de energia viaja tão rapidamente quanto a luz, que pode dar sete voltas ao redor do mundo em apenas um segundo.

Quente ou frio?

O calor é uma das formas de energia mais importantes no nosso mundo. Sem o calor do Sol, a vida na Terra seria impossível. Se não existisse o fogo, as pessoas não poderiam se manter aquecidas ou cozinhar alimentos, também não poderiam dirigir carros, e não seria possível lançar foguetes no espaço. Entretanto, o frio também é importante. Muitas criaturas só podem sobreviver em climas congelantes; e até as pessoas necessitam do frio, para preservar os alimentos, por exemplo. Calor e frio não são necessariamente opostos. Um *iceberg* é excepcionalmente quente se comparado com o zero absoluto – teoricamente a menor temperatura –, enquanto um dia de verão na Terra pareceria extremamente frio se comparado com o núcleo do Sol.

Quente – átomos movem-se muito rápido

Morno – átomos movem-se depressa

Frio – átomos movem-se devagar

O que é energia térmica?

Se você pudesse ver o comportamento das moléculas de água dentro de uma xícara de café quente, veria que elas se movem muito rápido, chocando-se umas contra as outras, como carrinhos bate-bate. Coisas quentes possuem energia térmica por causa da velocidade com a qual seus átomos ou moléculas se movem. Em objetos mais frios, os átomos ou moléculas se movem mais devagar, portanto eles apresentam menos energia térmica.

Zero absoluto

Supostamente, você poderia esfriar um cubo de gelo até que as moléculas dentro dele parassem de se mexer totalmente. Neste ponto, o gelo não iria conter nenhum tipo de energia térmica. Essa temperatura é chamada de zero absoluto e corresponde a –273°C (–470°F). O zero absoluto é apenas uma temperatura teórica, pois até agora ele não foi alcançado, embora os cientistas tenham chegado muito perto – a poucos bilionésimos desse grau.

Congelamento

A comida estraga por causa de bactérias que crescem nela e a fazem apodrecer. Em dias quentes de verão, as bactérias se multiplicam mais rapidamente, e a comida estraga com mais facilidade. Nós congelamos a comida para diminuir a ação das bactérias. Quanto mais baixa a temperatura de algo, mais tempo vai durar. Nós cozinhamos a comida pela mesma razão que a congelamos – altas temperaturas matam as bactérias nocivas, deixando a comida própria para consumo.

Como o calor é medido?

Quando as coisas esquentam, os átomos e as moléculas que as constituem passam a se mover mais rapidamente e, com isso, sua temperatura aumenta. A temperatura é uma medida do quão rápido os átomos estão se movendo. A temperatura saudável do nosso corpo é 37°C (98,4°F).

Quanto calor existe em um *iceberg*?

Um *iceberg* possui mais energia térmica do que uma xícara de café quente. Apesar da temperatura mais baixa, ele contém mais moléculas de água em movimento por causa da energia térmica. Juntas, mesmo frias, lentamente, armazenam mais calor porque estão em maior número.

Frio do vento

O vento retira calor dos nossos corpos; então, quando ele sopra, nós esfriamos mais rápido e sentimos frio. Quanto maior a velocidade do vento, mais frio nós sentimos – mesmo que a temperatura não se altere. Em um dia de inverno, se a temperatura está congelante e uma ventania está soprando, o gelo se formará mais rápido, e a nossa sensação térmica será de aproximadamente 20 graus mais frio. Esse efeito é chamado *wind chill*, ou seja, esfriamento por efeito do vento.

Em brasas

Fogo e fornalhas liberam tanto luz quanto calor. Quando o aço é aquecido a 1.000°C (1.750°F), ele se torna incandescente. Conforme os átomos dentro do aço absorvem o calor do fogo, eles liberam energia, chamada de radiação eletromagnética. Algumas dessas radiações chegam aos nossos olhos na forma de luz vermelha e amarela. O resto da energia nós podemos sentir na pele, na forma de um tipo de "luz invisível", chamada de radiação infravermelha.

Calor do deserto

Um dos lugares mais quentes da Terra é o Vale da Morte, na Califórnia, Estados Unidos. Lá, as temperaturas alcançam, no verão, tórridos 54°C (130°F). Ele é quente por causa da sua profundidade: partes dele se localizam a 86 m abaixo do nível do mar. As altas montanhas prendem o calor do Sol e o canalizam para baixo, até o chão do Vale. Mas à noite, quando a energia do Sol desaparece, rapidamente o Vale fica gelado.

Propulsão de foguete

O sistema principal de lançamento de um foguete tira calor do frio. Seu combustível, o hidrogênio, é armazenado na forma líquida a -252°C (-423°F), mas em instantes é aquecido até mais de 3.300°C (6.000°F). São usadas cem toneladas de hidrogênio líquido em cerca de oito minutos, alcançando velocidade 70 vezes superior à de um carro de corrida.

Como a energia viaja?

Jornada sem volta

Se deixados em repouso, xícaras com café quente sempre vão esfriar e sorvetes sempre vão derreter. Isso acontece porque a energia viaja da ordem para o caos – da calmaria do café na xícara para o vapor que sobe serpenteando – e nunca ao contrário.

Grande parte da energia sai do Sol e chega à Terra depois de uma longa, mas rápida, viagem – são 149 milhões de quilômetros percorridos em apenas oito minutos. A chegada à Terra, no entanto, não indica o fim da jornada – uma vez aqui, a energia viaja pelo nosso mundo, mudando repetidamente de uma forma para outra, até finalmente acabar na atmosfera como "calor desperdiçado".

Irradiação

Quando você senta perto do fogo, pode sentir o calor na sua face, mesmo estando um pouco distante. O calor pode viajar pelo ar – ou até, como prova o Sol, no vácuo. Esse processo é chamado de irradiação. Por causa da irradiação, o pão torra rapidamente em uma torradeira, mesmo que ele não encoste nas resistências.

Condução

Uma das formas de viagem da energia térmica é a condução. Quando algo quente, como o fogo, encosta em algo frio, como uma panela, a energia se move diretamente do quente para o frio. Os átomos e moléculas do fogo estão se movimentando com uma forte energia. Quando eles tocam os átomos e moléculas da panela, o choque faz com que a energia seja passada adiante.

A resistência transforma energia elétrica em energia térmica, que torra o pão.

O fio transporta a energia elétrica das fontes de energia.

Convecção

Quando você aquece uma parte de um líquido ou gás, ele começa a ascender, espalhando o calor por toda a parte. Esse processo é chamado de convecção. A chama abaixo de um balão de ar quente aquece apenas a porção mais baixa do ar dentro dele, mas a convecção move o ar quente para cima e mantém quente todo o ar do balão.

Efeitos devastadores

Nós podemos não perceber a energia quando ela viaja, mas freqüentemente podemos sentir e ver os seus efeitos quando ela chega ao seu destino. Terremotos acontecem quando a energia é liberada pelo movimento das rochas dentro da Terra, que estremecem formando ondas na direção da superfície. Nós não "vemos" os terremotos até que a energia chegue à superfície e derrube pontes e arranha-céus.

Para onde a energia vai?

Quando dois carros colidem parece que a energia cinética desapareceu. Mas há tanta energia depois do acidente quanto antes – ela apenas se transformou. Um pouco dessa energia faz com que a lataria do carro amasse; outro pouco produz o som da batida e alguma energia vira calor. Nós não podemos destruir energia, assim como não podemos criá-la.

O metal reflexivo dentro da torradeira concentra o calor sobre o pão.

Morte térmica

A energia do Sol é vital para a existência da vida na Terra, mas eventualmente ela será toda convertida em energia térmica que não poderá mais ser utilizada. Alguns cientistas acreditam que o Universo vai acabar quando toda a energia disponível for transformada em calor desperdiçado. Essa idéia é chamada de morte térmica.

As molas comprimidas armazenam energia potencial, que se transforma em energia cinética, fazendo com que as torradas sejam jogadas para cima.

Liberando energia

Quando um incêndio florestal acontece, ele pode destruir em minutos o que a natureza levou centenas de anos para criar. O fogo é um dos elementos mais destrutivos do nosso mundo – no entanto é também um dos mais úteis. Quando as primeiras pessoas descobriram como fazer o fogo, elas aprenderam uma forma de liberar a energia de alguns combustíveis, como a madeira e o carvão. Encontraram também uma maneira de se manterem aquecidas e de cozinhar os alimentos. Hoje, utilizando o fogo, é possível gerar eletricidade, ligar os motores dos carros e dos foguetes espaciais e abastecer as fábricas que produzem materiais importantes como o ferro e o aço.

CALOR
OXIGÊNIO
COMBUSTÍVEL

O triângulo do fogo

O fogo queima na presença de oxigênio, combustível e calor. Se qualquer um desses três elementos for removido, a reação química é interrompida. Os bombeiros utilizam-se da idéia chamada "quebrar o triângulo do fogo" para apagar incêndios. Ao jogar água em um incêndio, retiram o componente calor e, ao jogar espuma, impedem que o oxigênio entre na reação. Todo fogo se apaga quando o combustível acaba.

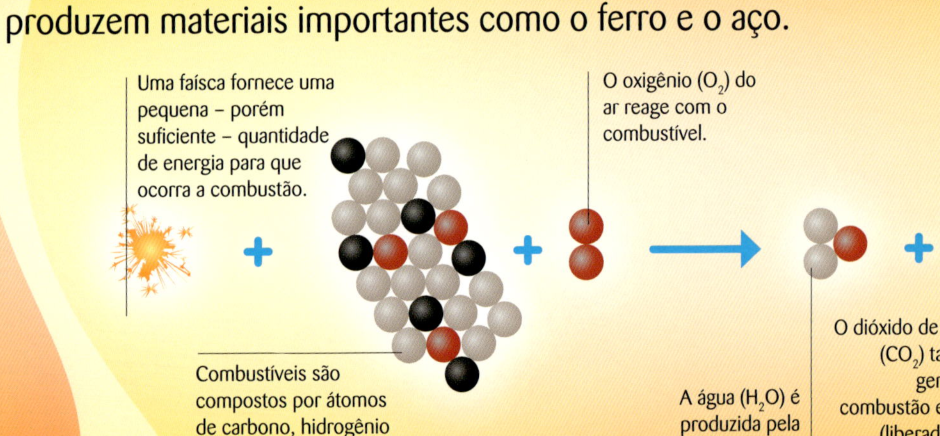
Uma faísca fornece uma pequena – porém suficiente – quantidade de energia para que ocorra a combustão.
O oxigênio (O_2) do ar reage com o combustível.
Combustíveis são compostos por átomos de carbono, hidrogênio e oxigênio.

A água (H_2O) é produzida pela combustão, normalmente na forma de vapor.

O dióxido de carbono (CO_2) também é gerado pela combustão e emitido (liberado) para a atmosfera.

A energia é liberada do combustível.

Processo de combustão

Quando o fogo queima, ocorre uma reação química chamada combustão. Durante a combustão, o combustível – composto, na sua maior parte, por átomos de carbono e hidrogênio; e diversas vezes por átomos de oxigênio também – queima junto com o oxigênio do ar. Isso provoca a ruptura das moléculas e a liberação da energia contida no interior do combustível.

Conforme os átomos se reagrupam, água (como vapor) e dióxido de carbono são liberados na atmosfera.

Riscando um fósforo

Coisas não pegam fogo sozinhas – é preciso energia para iniciar o processo. Riscar um fósforo libera uma pequena quantidade de "energia de ativação" para iniciar a combustão. Quando você risca um fósforo, o atrito entre a cabeça do fósforo e a caixa produz uma pequena quantidade de calor. Isso provoca uma reação entre os elementos químicos existentes na cabeça do fósforo e na lixa da caixa, fazendo com que o palito de madeira pegue fogo.

Fábrica de combustão química

Uma vela é uma fábrica química em miniatura; constantemente ela converte em luz e calor a energia química armazenada na cera. Quando você acende o pavio, o calor emanado derrete a cera no topo da vela. Então, a cera quente produz um vapor que atinge o pavio e alimenta a chama, dando à vela uma chama cintilante. A chama libera energia na forma de luz e calor.

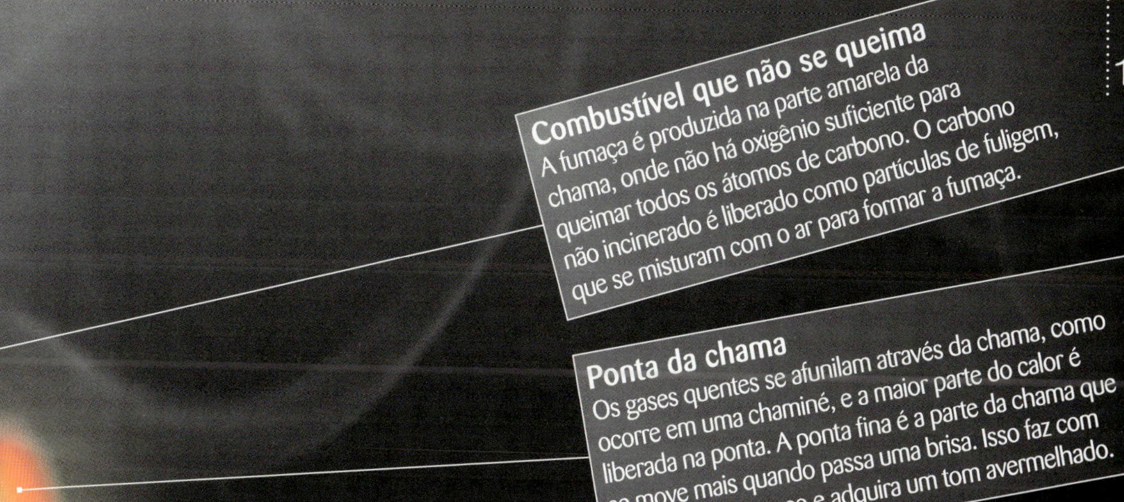

Combustível que não se queima

A fumaça é produzida na parte amarela da chama, onde não há oxigênio suficiente para queimar todos os átomos de carbono. O carbono não incinerado é liberado como partículas de fuligem, que se misturam com o ar para formar a fumaça.

Ponta da chama

Os gases quentes se afunilam através da chama, como ocorre em uma chaminé, e a maior parte do calor é liberada na ponta. A ponta fina é a parte da chama que se move mais quando passa uma brisa. Isso faz com que esfrie um pouco e adquira um tom avermelhado.

Queimando partículas de carbono

O vapor da cera é separado em átomos de hidrogênio e de carbono. O hidrogênio possui uma queima invisível, já as partículas de carbono queimam misturadas com o oxigênio do ar, liberando luz e calor e produzindo uma chama amarelada.

Vapores da cera são atraídos

A base da chama vaporiza a cera líquida. O vapor da cera é uma mistura de gases compostos por hidrogênio e carbono. O calor leva esses gases pelo pavio até as partes mais altas da chama. Pouca ou nenhuma luz é produzida aqui.

Combustão completa

Na base da chama se concentra a maior parte do oxigênio. É onde a chama queima da forma mais pura e quente – quase invisível ou com um tom azulado. O carbono e o hidrogênio queimam completamente, produzindo dióxido de carbono.

Pavio

A ação capilar (caminho que os líquidos percorrem em tubos estreitos) leva a cera quente derretida através do pavio até a base da chama.

Cera derretida

O calor da chama no pavio forma uma pequena poça de cera no topo da vela.

Temperatura de ignição
Cabeça do fósforo pega fogo a 160°C 320°F
Papel pega fogo a 233°C 451°F
Madeira pega fogo a 300°C 570°F
Petróleo pega fogo a 400°C 750°F

Explosões

São necessárias horas para liberar toda a energia potencial presa em um tanque de petróleo ou em um pedaço de carvão, mas uma explosão pode liberar a mesma quantidade de energia em questão de segundos. Uma explosão é um processo no qual dois elementos químicos reagem entre si, criando uma expansão de gás em alta velocidade. Explosões podem ser muito destrutivas quando ocorrem em espaços confinados. No entanto, se devidamente armadas, podem produzir energia útil ou até mesmo diversão.

Explosão estelar

Estrelas velhas não morrem nem desaparecem. Depois de brilharem durante milhões ou bilhões de anos, as estrelas mais sólidas finalmente ficam sem energia e entram em colapso com uma explosão espetacular chamada supernova. Diferentemente das explosões na Terra, uma supernova pode resplandecer durante semanas ou meses e deixar uma nuvem de detritos que existirá por centenas de anos.

As "estrelas" são cuidadosamente organizadas em cada seção para formar figuras atrativas.

As "estrelas" na segunda seção acendem-se e começam a explodir, liberando mais luz, som e calor.

A segunda seção do fogo de artifício continua subindo com a espoleta ainda acesa.

A espoleta acesa explode mais "estrelas" na seção de cima.

Fogos de artifício

Quando um fogo de artifício é aceso, a energia do fósforo dá início a uma série de explosões. Na base do tubo, a pólvora arremessa o foguete para o ar. Então algumas partes mais altas do foguete explodem, transformando energia potencial química em quatro tipos de energia cinética: luz, calor, som e movimento.

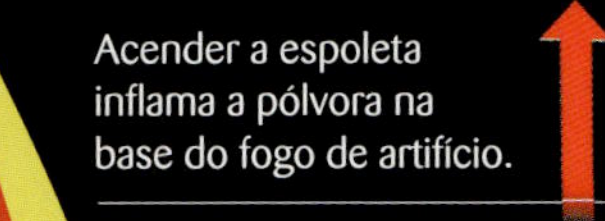

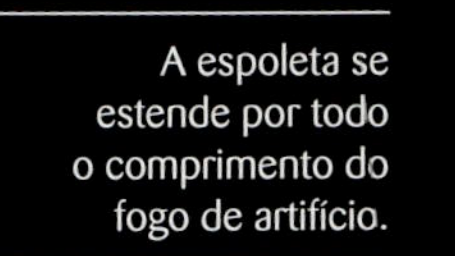

As "estrelas" explodem espetacularmente no ar, convertendo a energia química armazenada em luz, som e calor.

A espoleta se estende por todo o comprimento do fogo de artifício.

A espoleta queima lentamente para cima, liberando as "estrelas" explosivas na seção de baixo.

Acender a espoleta inflama a pólvora na base do fogo de artifício.

Explosão que salva vidas

Quando alguém sofre um acidente de carro que possui *air-bags*, um sensor elétrico detecta o impacto e os aciona. Dentro de cada *air-bag*, dois produtos químicos – azida de sódio e nitrato de potássio – reagem entre si explosivamente. A explosão gera uma enorme nuvem de gás de nitrogênio que se movimenta a uma velocidade de 320 km/h. Os *air-bags* salvam vidas porque inflam rapidamente, amortecendo o impacto da colisão.

Rolhas de champanhe

Explosões podem acontecer sem a presença do fogo e, algumas vezes, sem o calor também. Garrafas de champanhe possuem um gás chamado dióxido de carbono dentro delas. Quando a rolha é removida, o gás é liberado e ela voa longe em um estalo – uma miniexplosão.

Explosão demolidora

Quando um cartucho de dinamite explode, ele produz uma enorme quantidade de gás que se move dez vezes mais rápido do que um jato militar. Tamanha explosão enfraquece instantaneamente as estruturas de um prédio, deixando a cargo da gravidade puxar o material para baixo. Conforme o prédio implode, sua enorme carga de energia potencial se transforma em energia cinética, calor e em uma barulhenta diversidade de sons.

O carvão fornece 24% da energia mundial
O petróleo fornece 35% da energia mundial
O gás fornece 21% da energia mundial

Guindaste (torre de perfuração) que suporta o peso de uma coluna de perfuração.

Aproximadamente 80% da energia que as pessoas consomem vem do carvão, do petróleo e do gás. Utilizamos enormes quantidades desses "combustíveis fósseis" por algumas boas razões. Eles são fáceis de armazenar e transportar, e a energia contida neles pode ser facilmente liberada para cozinhar, aquecer e abastecer nossos meios de transporte. Infelizmente, nos dias de hoje, os combustíveis fósseis estão sendo consumidos a uma velocidade alarmante. Alguns deles foram formados antes mesmo de os dinossauros viverem na Terra, no entanto, a maioria vai desaparecer antes do fim deste século.

Combustíveis fósseis

Três tipos de combustíveis fósseis

O carvão se tornou o combustível número um do mundo quando as locomotivas a vapor foram inventadas, no século XVIII. Apesar de já não ser tão popular, ele ainda é utilizado em usinas de geração de energia. No meio do século XIX, com a invenção dos equipamentos de extração de petróleo, a utilização do petróleo cresceu rapidamente. O gás, o menos poluente de todos os combustíveis fósseis, é empregado em sistemas de aquecimento e para cozinhar desde o início do século XX.

Como os combustíveis fósseis são formados

Combustíveis fósseis são restos de animais e plantas que morreram há milhões de anos. As bactérias decompuseram seus restos que ficaram presos entre as rochas segmentadas e foram lentamente submetidos a temperaturas muito altas vindas do centro da Terra. O petróleo e o gás são formados em sua maioria no fundo do mar – o petróleo se acumula onde a temperatura é mais baixa e o gás nos locais mais quentes. O carvão é feito de restos de plantas soterrados e comprimidos.

O motor do guindaste gira a coluna de perfuração, que pode chegar a ter mais de dez quilômetros de comprimento.

Prédio que aloja a equipe de perfuração e a sala de controles.

Guindaste que reboca as seções de perfuração e equipamentos para as suas posições.

Como o petróleo é extraído

Nas plataformas oceânicas, o petróleo é extraído por uma "coluna de perfuração" comprida e profunda, ligada a centenas de canos. Equipada com um pedaço de diamante (lâmina cortante) na ponta, a coluna de perfuração faz um buraco de alguns quilômetros através do solo antes de chegar ao petróleo. O petróleo é formado sob pressão, o que faz com que ele jorre pelo buraco. Depois, ele será transportado por oleodutos ou navios até o continente.

Produtos do petróleo

O combustível que nós utilizamos em nossos carros é proveniente do petróleo (óleo cru) extraído do solo. Antes de podermos utilizá-lo, ele precisa ser refinado. A refinação separa o petróleo em diversos produtos químicos, todos compostos por hidrogênio e carbono. Alguns viram óleos de diferentes tipos, enquanto outros são empregados na fabricação de plásticos. Uma escova de dentes de plástico ou um patinho de borracha foram fabricados do petróleo que, há 20 milhões de anos, pode ter sido o corpo de um cavalo-marinho!

Estruturas que suportam a plataforma a cerca de cem metros.

Quando os combustíveis fósseis vão acabar?	Óleo	Gás	Carvão
	perto do ano 2050	perto do ano 2100	perto do ano 2250

Energia de motores

Seja na ida à escola ou em uma viagem à Lua, são os motores que levam as pessoas rapidamente e com extrema eficiência. Por isso, eles estão entre as invenções mais importantes do mundo. Um motor é uma máquina que queima ou explode um combustível, em um processo cuidadosamente controlado que libera calor. O calor é então convertido em energia cinética para movimentar um veículo. Mais de um quarto de toda a energia consumida pelas pessoas é utilizado para abastecer motores – o transporte é o segundo maior consumidor de energia do mundo, logo atrás das indústrias.

Barco a motor

O motor externo de alguns barcos é um equipamento simples que queima combustível para movimentá-los sobre a água. O volumoso tanque preto de combustível serve para alimentar um cilindro logo abaixo dele. Dentro do cilindro, o combustível se mistura com o oxigênio do ar; então, um sistema de ignição gera uma faísca que inflama o combustível, produzindo calor por meio de uma miniexplosão. Isso move o "pistão", que faz a hélice do barco girar. Esse processo se repete diversas vezes para fazer o barco se mover.

Locomotiva a vapor

O motor a vapor de uma locomotiva é como uma chalei sobre rodas. O cilindro que se encontra na parte dianteira contém um recipiente de água fervente, aquecido por uma fornalha de carvão, que, ao queima libera sua energia como calor. O calo faz a água do recipiente evaporar, e o vapor empurra os pistões para frente e par trás fazendo as rodas girarem.

Motor de foguete movido a hidrogênio

Motores de foguetes precisam produzir uma enorme quantidade de energia para se lançarem ao espaço. Como no espaço não existe ar, os foguetes possuem tanques de oxigênio, assim como tanques de combustível, para permitir que haja a combustão. Motores de foguete podem funcionar com uma variedade de combustíveis – alguns usam um tipo de querosene chamado RP-1 (Petróleo Refinado-1) e outros utilizam hidrogênio líquido, que libera energia mais rápido.

Motor de avião movido a querosene

Um avião a jato pesa cem vezes mais do que um carro e deve se movimentar pelo menos dez vezes mais rápido para se manter no ar. Portanto, o seu motor precisa produzir muito mais energia, e bem mais rápido, do que o motor de um carro. E é isso o que ele faz, sugando o ar à sua frente para queimá-lo com o combustível e liberar calor. Essa energia é então utilizada para soprar o ar quente para trás, empurrando o avião para frente.

Carro de arrancada movido a nitrometano

Carros de arrancada são carros de corrida alimentados por um motor a jato ou por motores comuns modificados. A maioria desses carros queima um combustível muito rico em energia chamado nitrometano, que produz energia três vezes mais potente do que a gasolina. Eles andam tão rápido que são incapazes de fazer uma curva, por isso só correm em linha reta.

Trem a diesel

Motores movidos a diesel são similares aos movidos a gasolina e utilizados em muitos tipos de transporte. Assim como a gasolina, o diesel é um tipo de petróleo refinado que é queimado no motor. Em vez de utilizar o sistema de ignição por faísca, o motor movido a diesel comprime o combustível intensamente. Isso provoca uma explosão sob pressão, o que faz com que o motor movido a diesel seja mais eficiente.

Motores potentes

Velocidade média que o motor de cada um dos meios de transporte pode atingir

Motor externo	80 km/h
Motor a vapor	120 km/h
Motor a diesel	160 km/h
Motor de arranque	530 km/h
Motor a jato	900 km/h
Motor de foguete	40.500 km/h

Alimentos como combustível

Desde andar de bicicleta e sorrir até pensar e dormir, tudo o que você faz consome energia. Assim como o motor de um carro, o corpo usa combustível e oxigênio para produzir a energia que gasta. No entanto, não existem pistões ou cilindros dentro de você. O estômago transforma a comida que você ingere em um tipo de açúcar simples chamado glicose. O sangue carrega a glicose pelo corpo junto com o oxigênio dos pulmões. Quando você se move, os músculos utilizam a glicose e o oxigênio para produzir a energia de que precisam.

Uma batata descascada e cozida tem 117 calorias (489 kJ) – suficiente para ferver 14 xícaras de chá de água.

Um talo de aipo tem 6 calorias (27 kJ) – consome mais energia na digestão do que ele fornece.

5 bananas médias têm 525 calorias (2.205 kJ) – suficiente para uma hora de natação.

150 macarrões parafuso têm 209 calorias (873 kJ) – suficiente para uma hora de caminhada moderada.

Uma fatia de pão de forma tem 65 calorias (270 kJ) – suficiente para acender uma lâmpada de 60 watts por 1 hora e 30 minutos.

2 biscoitos de chocolate têm 280 calorias (400 kJ) – suficiente para que você possa correr por 40 minutos.

70g de feijão têm 20 calorias (84 kJ) – suficiente para um rato sobreviver por um dia.

2 pequenos pedaços de carne seca têm 360 calorias (1.500 kJ) – suficiente para ligar o motor de um carro por 10 segundos.

1 ovo grande cozido tem 156 calorias (648 kJ) – suficiente para uma partida de uma hora de tênis de mesa.

O coração bate mais de 200 vezes por minuto, bombeando energia para o corpo através do sangue.

Os músculos da perna convertem a energia potencial química do corpo em energia cinética (movimento).

As bicicletas ajudam o corpo a utilizar a energia de forma eficiente, levando-o mais longe bem mais rápido.

Energia que vem da comida

Alimentos armazenam energia potencial química. A quantidade de energia que podemos conseguir comendo é medida em calorias ou quilojoules (kJ). Os alimentos têm mais ou menos calorias porque armazenam mais ou menos energia potencial. Nossas refeições são balanceadas ao fornecermos a energia necessária para nosso corpo funcionar e se movimentar.

Como o corpo utiliza a energia

O corpo produz energia de diversas maneiras. Para uma queima súbita de grande quantidade de energia, ele utiliza um tipo de glicose armazenada nos músculos e no fígado. No entanto, o corpo só pode fazer isso por 15 ou 30 minutos antes que o estoque de energia acabe. Para exercícios mais longos e menos intensos, ele queima gordura localizada.

As células do cérebro estão em constante atividade. Cada célula do cérebro utiliza duas vezes mais energia do que as outras células do corpo.
Os olhos captam quantidades microscópicas de energia luminosa.
Os músculos dos braços retiram energia da glicose e da gordura.
Os pulmões inalam oxigênio, que é necessário para a conversão da glicose em energia.
Carnívoro
Carnívoro (que come carne)
Herbívoro (que come planta)
Planta
Energia luminosa
O Sol libera energia na forma de luz e calor.
As plantas capturam a energia do Sol e a armazenam na forma de energia potencial química.
Energia química
Os alimentos contêm a energia química vinda das plantas.
Seu corpo armazena a energia química dos alimentos na forma de gordura e outras substâncias.
Energia cinética
Quando você se move, seus músculos transformam a energia potencial química em energia cinética.

Cadeia alimentar

A cadeia alimentar atua em um sistema piramidal, com uma grande quantidade de plantas na base e apenas alguns carnívoros no topo. Isso acontece porque quanto mais alto na cadeia, menos comida (assim como energia) disponível existe. Uma cadeia alimentar costuma ter quatro ou cinco níveis tróficos, não mais que isso porque não haveria comida suficiente para os animais no topo da cadeia.

Armazenando comida

O monstro-de-gila, que vive em desertos dos EUA, pode ficar durante meses sem comer. Após ingerir um roedor, um sapo ou um pássaro, ele armazena energia em sua enorme cauda, na forma de gordura. Quando há escassez de alimentos, ele sobrevive desse estoque, transformando a gordura em energia novamente.

Transformando energia

Tanto sua bicicleta quanto seu corpo são movidos a energia solar. Essa energia foi transformada diversas vezes desde que liberada pelo Sol. A energia que ajuda você a pedalar hoje pode ter se originado três ou quatro anos atrás como um raio solar.

Ingestão diária de calorias

Beija-flor	Gato	Humano	Elefante
Um beija-flor consome cerca de **10** calorias por dia	Um gato consome cerca de **300** calorias por dia	Um humano consome cerca de **2.500** calorias por dia	Um elefante consome cerca de **40.000** calorias por dia

Desperdiçando energia

O cabelo prende o calor na cabeça.
A pele exerce a função de esfriar o corpo pela transpiração, portanto a quantidade de calor desperdiçada por ela é muito grande.
As roupas ajudam a manter o calor, quanto mais camadas prendendo o ar, melhor o isolamento.
As extremidades, como os dedos dos pés e das mãos, são mais frias do que o restante do corpo.

Nós podemos medir a quantidade de energia desperdiçada comparando o tanto de trabalho que alguma coisa produz com a quantidade de energia contida no seu combustível. Uma bicicleta é extremamente eficiente, pois transforma em energia cinética aproximadamente 90% da energia que o seu corpo fornece com as pedaladas. Já nossas casas, carros e cidades são muito menos eficientes. Os carros gastam de 75% a 80% do combustível para gerar calor e barulhos desnecessários. O calor de um prédio escapa pelo telhado, janelas e paredes se ele não tiver um bom isolamento térmico. Uma casa desperdiça 50% da energia fornecida a ela.

Corpo ineficiente

A eficiência de nosso corpo chega a apenas 25%. Em outras palavras, para cada dez refeições que fazemos, 7,5 são desperdiçadas. Grande parte da energia desperdiçada se perde na forma de calor, por isso é importante vestirmos roupas: para impedir que o calor escape quando o clima estiver frio. Um termograma, fotografado por uma máquina sensível ao calor, mostra quais as partes do corpo que desperdiçam mais energia.

Energia desperdiçada

Estações termelétricas utilizam água de rios ou do mar para esfriar seus equipamentos, desperdiçando uma grande quantidade de calor nesse processo de resfriamento. Mais energia ainda é desperdiçada na transmissão até seu ponto de utilização. Na verdade, dois terços do combustível fornecido para uma estação termelétrica são desperdiçados antes mesmo que a energia gerada chegue até nossas casas.

Desperdício de uma cidade

Uma lâmpada moderna de baixo consumo utiliza 80% menos energia do que uma lâmpada antiga e dura dez vezes mais. Se instalarmos três lâmpadas de baixo consumo em cada residência, economizamos energia suficiente para iluminar as ruas de todo o planeta.

Recursos desperdiçados

O gás pode ser muito perigoso, pois pode explodir. Para contornar esse problema, ele é queimado em chaminés chamadas "flares" (tochas de segurança). O gás desperdiçado a cada ano nessas chaminés seria suficiente para abastecer todo o mundo durante 20 dias.

Atrito – útil ou inútil?

Atrito é a força que atua quando um objeto está em contato com outro. Ele pode ser muito útil. É o atrito entre os pneus e a pista, por exemplo, que mantém o carro na estrada quando ele vai fazer uma curva. Mas desperdiça grande quantidade de energia. Quando um carro a 50 km/h pára bruscamente, sua freada gera, pelo atrito, energia suficiente para esquentar diversas xícaras de chá.

Energia diária

Tudo o que fazemos diariamente gasta certa quantidade de energia. Energia é mais ou menos como dinheiro, precisamos poupar um pouco antes de gastar. Todo dia temos que equilibrar nosso orçamento, poupando energia no “fundo” que sustenta nossas atividades. Isso significa abastecer nossos corpos com alimentos suficientes para carregar “nossas baterias”. Às vezes, nós percebemos que a energia foi gasta – depois de nadar ou correr é comum sentimos fome, porque nossa energia está acabando. No entanto, na maioria das vezes, utilizamos a energia sem perceber.

Hora do lanche
Comer preenche nosso estoque de energia, mas também consome um pouco dele. Os músculos da mandíbula utilizam energia quando mastigam e, uma vez que a comida vai para o estômago, ele também usa energia para digeri-la. Isso significa que, em toda refeição, uma parte da energia é sempre utilizada para transformar a comida em energia – quando você come um lanche em 15 minutos, gasta aproximadamente 85 kJ de energia.

Fazendo o café-da-manhã
O café-da-manhã é uma refeição muito importante, pois repõe a energia que o corpo gastou durante a noite. Se for uma refeição quente, o corpo absorve tanto a energia da comida quanto o calor que ela contém. São necessários cerca de 300 kJ de energia elétrica para torrar seis fatias de pão de forma.

Andando até a escola
Com energia, o corpo pode iniciar uma caminhada matutina. É uma forma eficiente e barata de se locomover e manter o corpo saudável e em forma. Andar rápido por 15 minutos consome cerca de 300 kJ de energia.

Saindo para viajar
Percorrer um caminho de carro é mais rápido e fácil, mas gasta muita energia, e não compensa, especialmente se houver apenas uma pessoa no carro. Um carro de tamanho médio pesa cerca de 20 vezes mais do que o seu motorista e, portanto, precisa de 20 vezes mais energia apenas para se mover, sem falar na energia que ele precisa para ganhar velocidade.

Exercitando o cérebro
O cérebro utiliza cerca de um quinto de todo o estoque de energia do corpo. Ele obtém combustível – glicose – das veias sanguíneas que correm através dele. As células do cérebro precisam de duas vezes mais energia do que qualquer outra célula do corpo porque elas estão em atividade o tempo todo, em tudo o que você faz. Até os pensamentos precisam de energia para existir! Estudar durante uma hora, por exemplo, requer do cérebro uma onda de aproximadamente 85 kJ de energia.

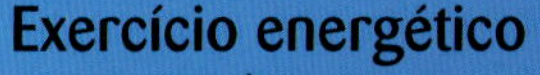

Exercício energético
A natação dá ao corpo vigor, força e flexibilidade. É um exercício aeróbico no qual o corpo utiliza oxigênio para queimar gordura e glicose, transformando-as em energia. Nadar por uma hora consome cerca de 1.200 kJ de energia.

Exercício brando
Até dormir é uma forma de fazer exercício. Os músculos podem estar em repouso, mas o cérebro, coração, pulmão e outros órgãos internos ficam trabalhando à noite para manter o corpo vivo. Em oito horas de sono, o corpo utiliza a mesma quantidade de energia que em uma hora de natação.

Lidando com os extremos

Desde um deserto escaldante até os pólos congelantes, a Terra é um lugar de extremos. O Sol é uma fonte vital de energia, que permite que as plantas e os animais sobrevivam; no entanto, diferentes partes do planeta recebem quantidades diferentes de energia solar. Há sempre mais energia na linha do Equador do que nos pólos e todos os lugares recebem mais energia no verão do que no inverno. Para se adaptar com essa diferença de energia, tanto plantas como animais desenvolveram maneiras inteligentes de lidar com isso.

Em março, os dois hemisférios recebem a mesma quantidade de calor. O hemisfério Norte está na primavera e o hemisfério Sul, no outono.

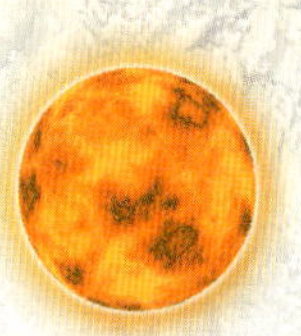

Em dezembro, é verão no hemisfério Sul e ele está de frente para o Sol, recebendo mais calor, enquanto no hemisfério Norte é inverno.

Em setembro, os dois hemisférios voltam a receber a mesma quantidade de calor. O hemisfério Norte está no outono e o hemisfério Sul, na primavera.

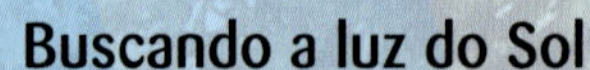

Em junho, o hemisfério Norte recebe mais calor porque está no verão, enquanto o hemisfério Sul está no inverno.

Quente e frio

A Terra é curva e gira em torno de um eixo inclinado, por isso os trópicos (próximos à linha do Equador) sempre recebem mais energia solar do que os pólos. A luz do Sol também precisa atravessar um espaço maior da atmosfera para alcançar os pólos, e o gelo e a neve refletem de volta 85% dela, de imediato.

Buscando a luz do Sol

A flor do girassol pode crescer e chegar a ter o tamanho de um prato raso, para absorver a maior quantidade de energia solar possível. Enquanto florescem, os girassóis procuram pela luz do Sol todos os dias, virando para o leste ao amanhecer e para o oeste quando o Sol se põe.

Todos juntos

É pouca a energia do Sol que chega à Antártida. Os pingüins-imperadores se aconchegam bem próximos uns dos outros para poupar energia e sobreviver a temperaturas que chegam a -60°C (-76°F) e aos ventos de 180 km/h.

Fissão nuclear

Usinas e bombas nucleares produzem energia pela divisão dos átomos. Cada divisão faz com que outros átomos se dividam, causando uma reação em cadeia. Em uma bomba nuclear essa reação é incontrolável, produzindo uma gigantesca explosão, com um poder de devastação enorme, e uma inconfundível nuvem de fumaça e gás no formato de um cogumelo.

As cápsulas de urânio são erguidas ou rebaixadas para acelerar ou reduzir a reação em cadeia.

O reator armazena as cápsulas de urânio, permitindo que os átomos se dividam de maneira segura, gerando calor.

Um escudo de concreto espesso impede que a radiação escape se ocorrer um acidente.

Canos transportam o vapor para um prédio separado, onde estão as turbinas.

Geradores, alimentados pela rotação das turbinas, produzem eletricidade.

O vapor passa pelas turbinas fazendo-as girar como um propulsor.

Torres de eletricidade transmitem a eletricidade dos geradores para as casas e fábricas.

Como funciona uma usina nuclear

Uma usina nuclear libera a energia de uma cápsula (ou vareta) de urânio e a transforma em eletricidade. Dentro do reator em forma de cúpula, os átomos de urânio são divididos e liberam calor, utilizado para produzir vapor. Este é então bombeado para diferentes prédios, onde movem algumas turbinas, gerando eletricidade.

A água esfria depois de passar pela turbina e é bombeada de volta para ser reutilizada.

A água quente do reator ferve mais água no tanque para produzir vapor.

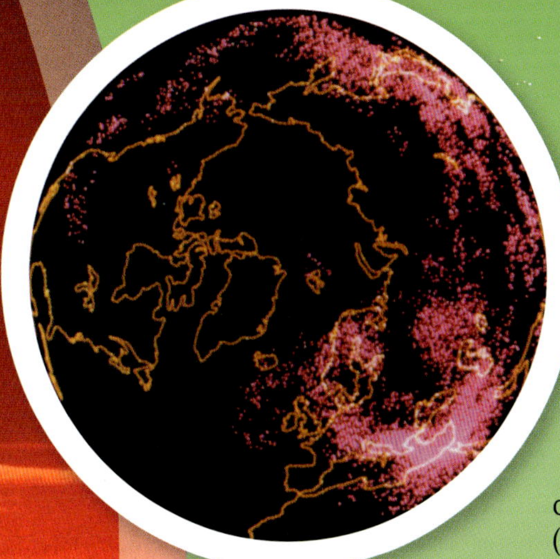

Acidentes nucleares

Usinas nucleares são extremamente seguras a maior parte do tempo. No entanto, quando algo de errado acontece, grandes quantidades de material radioativo perigoso podem escapar. O pior acidente nuclear do mundo aconteceu em abril de 1986, quando a usina nuclear de Chernobyl explodiu na Ucrânia. A explosão liberou cem vezes mais radiação no ar do que as bombas atômicas jogadas no Japão, no final da Segunda Guerra Mundial. Ventos ocidentais espalharam a nuvem de partículas (mostrada em rosa) por toda a Europa.

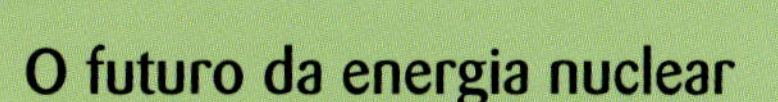

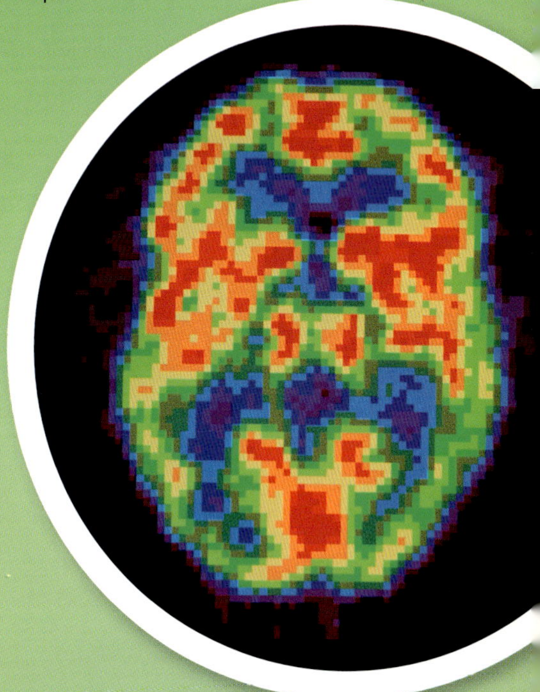

O futuro da energia nuclear

O Sol produz energia pela fusão nuclear, na qual átomos pequenos são comprimidos juntos até formarem átomos maiores. Para produzir energia dessa forma na Terra, as mesmas condições precisam ser recriadas. Como uma panela de pressão gigante, esta máquina experimental aquece e comprime os átomos e então eles liberam energia conforme são fundidos entre si em uma sopa quente chamada plasma.

Medicina e pesquisas

A tecnologia nuclear tem papel importante nas pesquisas médicas. Para realizar uma tomografia por emissão de pósitrons (PET scan), é necessária a injeção de um líquido radioativo no cérebro. Conforme é absorvido, as partes mais ativas do cérebro (amarelas e vermelhas) liberam mais radiação do que as menos ativas (roxas e azuis). Nesta imagem, o computador mostra a atividade cerebral de uma pessoa dormindo.

Energia solar

Os combustíveis fósseis estão se esgotando, e nosso futuro energético se encontra nas formas de energia renovável. Energia renovável pode incluir energia solar e geotérmica, energia eólica e das ondas do mar, além da bioenergia. Com exceção da geotérmica, as outras retiram sua energia do Sol – portanto a maioria dos combustíveis renováveis é forma indireta da energia solar. As duas formas mais comuns de energia solar são o aproveitamento direto do calor do Sol para aquecer água (energia solar térmica) e o da sua luz para produzir eletricidade (energia solar fotovoltáica).

Luz do Sol na Terra

Uma enorme quantidade de energia solar chega à Terra. Se nós pudéssemos cobrir apenas 1% do Deserto do Saara com painéis solares, produziríamos eletricidade mais do que suficiente para suprir a necessidade do mundo inteiro.

Painéis solares

Estes painéis fotovoltáicos geram eletricidade com a luz do Sol, utilizando uma série (com padrão de rede) de 36 células separadas. Cada painel produz energia suficiente para acender uma lâmpada de 40 watts. Painéis como estes são desenhados para levar eletricidade para baterias ou para a rede elétrica.

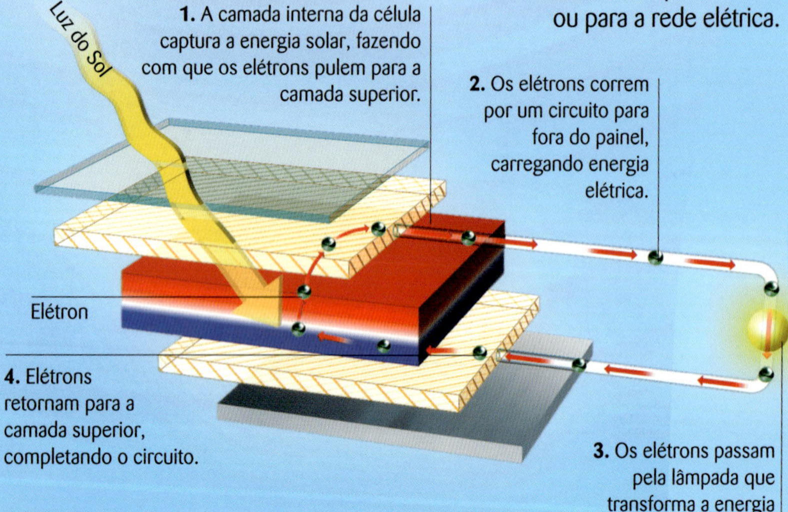
Luz do Sol
1. A camada interna da célula captura a energia solar, fazendo com que os elétrons pulem para a camada superior.
2. Os elétrons correm por um circuito para fora do painel, carregando energia elétrica.
Elétron
3. Os elétrons passam pela lâmpada que transforma a energia elétrica em luz e calor.
4. Elétrons retornam para a camada superior, completando o circuito.

Como uma célula fotovoltáica funciona

É fotovoltáico o que transforma luz em eletricidade. Cada célula fotovoltáica em um painel solar é feita de diversas camadas. Isso prende a energia vinda dos raios solares e transfere essa energia para elétrons na camada interior. Os elétrons saem do painel carregando eletricidade para alimentar equipamentos elétricos.

Painéis solares térmicos

Estes painéis solares não produzem eletricidade. Ao invés disso, eles agem como parte do sistema de aquecimento da água do edifício. Mais do que se utilizar da luz do Sol, o vidro escuro absorve o seu calor para aquecer uma grade de canos de água dentro deles. A água quente é então levada para a parte inferior do edifício.

Em movimento

Este barco, que comporta cem passageiros, produz sua própria energia utilizando enormes painéis dobradiços. Em dias de chuva, os painéis ficam erguidos e captam o vento, fazendo o papel de velas. Em dias ensolarados, são abaixados e revelam os painéis solares, que produzem energia suficiente para abastecer o motor do barco.

Países em desenvolvimento

Quase um terço das pessoas do mundo não tem acesso à eletricidade, pois a maioria dos países em desenvolvimento não pode arcar com as despesas de manutenção de uma grande usina de geração de energia elétrica e linhas de transmissão. A energia solar poderia mudar essa situação. Um único painel fotovoltáico produz eletricidade suficiente para alimentar esta pequena cabana no Peru. Painéis solares como este também estão sendo utilizados para alimentar telefones e iluminar ruas em países em desenvolvimento.

Dentro da Terra

O calor proveniente do interior da Terra é chamado de energia geotérmica. Ele chega à superfície pelos pontos mais fracos da crosta terrestre, na forma de gêiseres e fontes quentes, e pode arremessar fuligem e rochas a grandes alturas quando emerge na forma de vulcões. Apesar de grande parte desse calor permanecer inaproveitada, alguns engenheiros encontraram uma forma de utilizar um pouco dessa energia renovável para produzir eletricidade.

Calor preso

A energia geotérmica é um dos poucos tipos de energia na Terra que não provêm do Sol. A maior parte dela é produzida por reações nucleares que acontecem dentro da crosta terrestre (rochas externas) e manto (a parte de rochas derretidas logo abaixo da crosta). Essas reações liberam calor que transita por todo o manto por convecção, semelhante a um fogão quando se esquenta uma panela de sopa em cima dele.

A água se transforma em calor quando a pressão é liberada.

Chuva e neve escorrem para baixo.

A água presa, aquecida pelo calor interno da Terra, emerge como um gêiser.

Calor e pressão sobem vindos do interior da terra.

Correntes de convecção circulam pelo magma transferindo calor para a superfície como um fio condutor.

Reações nucleares ocorridas no manto geram calor que derrete rochas.

O núcleo da Terra é muito quente, mas uma pressão intensa o mantém sólido.

As diferenças de temperatura mantêm o magma circulando em um ciclo constante.

A temperatura mais baixa do manto é de 4.400°C (7.950°F).

A temperatura acima do manto é de 870°C (1.600°F).

Como os gêiseres funcionam

Quando a água da chuva, ou a neve derretida, penetra as rochas da superfície terrestre, ela pode encontrar o calor vindo de baixo, que escapa pelos pontos mais fracos da crosta terrestre. A água presa ferve rápido sob pressão e começa a emergir por outras rachaduras. Quando a água chega à superfície, a pressão é repentinamente liberada e explode em uma grande fonte de água e vapor efervescente – um gêiser.

Vulcões

Quando o calor e a pressão dentro da Terra se elevam até o ponto de ruptura, o resultado é a explosão vulcânica. A erupção vulcânica é uma liberação impressionante de energia geotérmica, durante a qual magma, cinzas e rochas vindos de fendas no subsolo jorram na superfície. O magma que borbulha é chamado de lava. Passando por "tubos de lava" (canais estreitos), a lava chega ao exterior do vulcão e às vezes pode atingir uma velocidade de 30 km/h.

Gêiseres

Gêiseres arremessam jatos quentes de água e vapor no ar. Alguns jatos duram apenas alguns segundos com intervalos de alguns minutos, enquanto outros podem durar vários minutos e ocorrerem com intervalos de horas. Mais de dois terços dos gêiseres do mundo estão nos Estados Unidos, no Parque Nacional Yellowstone, localizado dentro de uma caldeira (uma cratera de um vulcão já extinto). O maior gêiser do mundo, apelidado de "steamboat", fica neste parque e produz colunas de vapor que atingem de 90 a 120 metros de altura.

Poças de lama

Quando a água da chuva escorre por rochas vulcânicas quentes que contêm enxofre, ela se transforma em ácido sulfúrico. O ácido corrói as rochas ao redor dele, soltando argila que, quando misturada com a água, vira lama. Aquecida pela atividade geotérmica no subsolo, a lama ferve e borbulha e quando as bolhas estouram liberam um cheiro forte de enxofre.

Fontes termais

O calor do interior da Terra pode criar banheiras quentes naturais, como as que são usadas pelos macacos japoneses que vivem na neve. No inverno, quando as temperaturas podem atingir -5°C (23°F), eles se mantêm aquecidos permanecendo em fontes aquecidas por rochas vulcânicas. O Japão é o país que tem mais vulcões no mundo, além de possuir mais de quatro mil fontes termais.

Estações geotérmicas de geração de energia captam o calor do interior da Terra bombeando água fria no subsolo em grandes profundidades. Essa água coleta calor e energia retornando à superfície como água quente e vapor. A Terra possui uma gigantesca reserva de energia geotérmica, estimada em 42 milhões de megawatts – a mesma quantidade de energia que seria gerada por 25 mil usinas de geração de energia de grande porte.

Vento e água

O Sol é a máquina que fornece energia para nosso sistema climático. Ele aquece a Terra de forma desigual, causando tempestades de vento que formam ondas no oceano e também as condições climáticas para mover as águas entre a superfície da Terra e a atmosfera. A humanidade já utiliza esse tipo de energia desde a criação dos moinhos; as rodas d'água foram usadas pela primeira vez na Antigüidade. Com o suprimento de combustível fóssil acabando, a energia eólica e a da água estão se tornando importantes mais uma vez.

As pás medem
35 metros e estão
a 85 metros de altura.
Gerador que, conectado às pás giratórias da turbina, produz eletricidade.

Gerador eólico

Equipamentos chamados turbinas capturam a energia cinética do vento ou da água e transformam-na em eletricidade. Uma turbina de vento pode produzir dois megawatts de energia – o suficiente para abastecer cerca de mil casas.

Energia eólica

O Desfiladeiro de San Gorgiono, na Califórnia, EUA, foi escolhido como local perfeito para uma fazenda de 3.500 turbinas de vento. É um espaço amplo e vazio, localizado entre duas cordilheiras, onde um vento forte uiva por quase todo o ano.

Energia do oceano

Antes de quebrar, uma onda possui energia para acender centenas de lâmpadas. As ondas carregam a energia cinética pela superfície dos oceanos e a liberam ao quebrar. Parte dessa energia pode ser aproveitada para produzir eletricidade. Mas os oceanos podem ser violentos e tempestuosos, e muitos equipamentos de captação da energia das ondas vêm sendo destruídos pela mesma energia que capturam.

Energia das marés

A gravidade, em grande parte exercida pela Lua, puxa a água dos oceanos para cima e para baixo, causando a maré, além de fazê-la entrar e sair dos estuários. Esta ponte-barragem atravessa o estuário do Rio Rance, no norte da França. A energia elétrica é produzida quando a água das marés move as turbinas para frente e para trás dentro da barragem.

Usina hidrelétrica

No Rio Colorado, nos Estados Unidos, a usina Hoover Dam produz energia para 1,3 milhão de pessoas em três estados americanos – Nevada, Arizona e Califórnia. As barragens hidrelétricas bloqueiam o curso dos rios, criando gigantescos reservatórios de água. Conforme a água do reservatório passa pela barragem para seguir o curso rio abaixo, sua energia potencial é transformada em energia cinética. O fluxo de água passa por turbinas que utilizam a energia cinética para gerar eletricidade.

Biocombustível

Você sabia que pode dirigir um carro movido a amendoins e produzir eletricidade usando bambu? Alguns exemplos de biocombustível são os que usam plantas ou animais para produzir energia. Ele é ambientalmente amigável porque utiliza matéria natural ou produtos do lixo que, em outras ocasiões, seriam jogados fora. Ele produz pouca ou nenhuma poluição e emite menos dióxido de carbono do que os combustíveis fósseis. Além disso, diferente das fontes dos combustíveis fósseis, as fontes do biocombustível podem ser facilmente repostas, portanto o suprimento delas nunca vai acabar.

Lenha

A madeira tem sido um importante combustível desde que a humanidade descobriu como fazer o fogo, há milhões de anos. Em algumas nações em desenvolvimento, incluindo Nepal, Ruanda e Tanzânia, a madeira ainda fornece mais de 80% da energia térmica que as pessoas utilizam.

Esterco de galinha

O esterco que os animais produzem possui energia. Em alguns lugares como Inglaterra, EUA e Nova Zelândia, o esterco é, às vezes, utilizado para abastecer estações de energia. Uma usina em Thetford, Inglaterra, queima 450 mil toneladas de esterco de galinha todo ano para produzir eletricidade para 93 mil casas.

Culturas energéticas

Plantas de crescimento rápido, como o bambu, são perfeitas para culturas energéticas. Quando incineradas liberam apenas a quantidade de dióxido de carbono que absorvem durante o crescimento. Não contribuindo assim para o aquecimento global.

Biodiesel

Motores a diesel podem funcionar com óleos feitos de diversos materiais além do petróleo. Algas que crescem em lagos poluídos, óleo de cozinha usado, amendoins, grãos de soja e algas marinhas são materiais ricos em compostos de carbono e hidrogênio que podem ser transformados em combustível para motores. Esse tipo de combustível é chamado de biodiesel e possui muitas vantagens. Ele é biodegradável, gera mais energia do que o diesel comum, produz menos poluição e emite menos dióxido de carbono.

Bactérias biotransformadoras

Antes de as plantas poderem ser utilizadas como combustível, elas precisam ser transformadas em um líquido rico em energia. Para isso, é utilizada uma bactéria cuja enzima (um tipo de proteína) quebra a celulose – a matéria da qual são feitas as plantas. Quando as bactérias quebram as cadeias das moléculas da celulose, ela se transforma em um biocombustível líquido chamado etanol.

Etanol

O Brasil produz etanol extraído da cana-de-açúcar desde o início dos anos 1970, quando houve grande escassez de petróleo no mundo. Por isso, muitas pessoas no Brasil têm carros a álcool. Um hectare de plantação de cana-de-açúcar produz combustível suficiente para fazer um carro rodar por 17 mil quilômetros. O "gasohol", uma mistura de gasolina com etanol, é um combustível muito popular nos Estados Unidos.

Recicladores naturais

Minhocas podem reciclar o lixo orgânico para produção de compostos. Um processo similar pode produzir energia a partir de aterros sanitários, esgotos e outros produtos jogados no lixo. Nesse processo, uma bactéria (em vez de minhocas) devora o lixo e libera metano. Esse gás inflamável pode ser queimado para produzir calor ou eletricidade.

Energia elétrica

O que todos os combustíveis têm em comum? Todos eles podem ser transformados em eletricidade, que é a forma mais utilizada de energia. Nós podemos, de maneira rápida e fácil, movê-la de um lugar para outro através dos fios de energia e transformá-la em quase qualquer outro tipo de energia, incluindo energia luminosa, sonora, cinética e térmica.

Eletricidade estática é energia potencial

Se você esfregar um pente de plástico numa blusa de malha, ele poderá atrair pedacinhos de papel. A energia gasta para esfregar o pente rapidamente é transformada em eletricidade estática – energia potencial elétrica armazenada no pente.

SEM CORRENTE EM UM CABO DESCONECTADO

Elétrons livres se movem em todas as direções.

Átomos permanecem no mesmo lugar.

CORRENTE PERCORRENDO UM CABO

Elétrons livres se movem em apenas uma direção.

Átomos permanecem no mesmo lugar, permitindo que a corrente elétrica passe ao redor deles.

Corrente elétrica é energia cinética

Acionar um interruptor permite que a corrente elétrica entre na sua casa, pelos cabos vindos de estações de energia. Eles são feitos de metais, nos quais os elétrons correm livremente. Quando a luz é acesa, os elétrons marcham na mesma direção, carregando energia. Uma corrente elétrica é um tipo de energia cinética porque os elétrons estão em constante movimento.

Torres de transmissão de eletricidade

Os cabos carregam a eletricidade da usina de geração de energia elétrica até onde ela é utilizada. Para chegar a longas distâncias e em áreas rurais, são ligados entre torres, nas linhas de transmissão. Um pouco de energia é desperdiçada em cada trecho do cabo. Transmitir eletricidade a uma voltagem extremamente alta ajuda a reduzir a quantidade de energia perdida.

Transformando eletricidade em luz

Produzir luz foi a primeira coisa que as pessoas aprenderam a fazer com a eletricidade. Thomas Edison (1847-1931), o inventor americano precursor da energia elétrica, fez, em 1879, uma demonstração de como funciona uma lâmpada de bulbo. Ele utilizou um pequeno filamento que brilhava quando a eletricidade passava por ele e o esquentava. Quatro anos depois, Edison ativou a primeira estação de geração de energia elétrica em Nova York, Estados Unidos. Desde então, as cidades vêm sendo alimentadas com luz elétrica.

Transformando eletricidade em movimento

Alguns carrinhos de brinquedo possuem uma bateria elétrica que alimenta um motor conectado às rodas. Quando o carrinho é ligado, a energia elétrica se move em corrente, da bateria até o motor. O motor então transforma essa energia elétrica em movimento, fazendo as rodas girarem para mover o carro.

Transformando eletricidade em som

Guitarras elétricas são mais barulhentas do que as acústicas porque utilizam a energia elétrica para amplificar (aumentar) o som que fazem. Quando as cordas de metal são tocadas, uma pequena corrente elétrica é gerada. Ela então corre pelo cabo até um aparelho amplificador, que utiliza a eletricidade para aumentar o sinal. A corrente amplificada chega até os alto-falantes para reproduzir o som da guitarra mais alto.

Transformando eletricidade em calor

Quando os elétrons se movem em corrente através dos fios, eles têm de trabalhar contra a "resistência", que tenta impedi-los de continuar. Se há resistência suficiente, o fio se aquece. A resistência é utilizada em fogões elétricos para transformar a energia elétrica em calor.

Produzindo eletricidade

Você não pode ligar uma cafeteira com carvão, um aspirador de pó com gás ou um computador com petróleo. Mas você pode usar todos esses equipamentos se, antes, esses combustíveis forem convertidos em eletricidade. A eletricidade rapidamente se tornou a forma preferida de fonte de energia, e a maior parte dela é produzida a partir de combustíveis fósseis. Uma usina de geração de energia de grande porte pode produzir eletricidade suficiente para abastecer mais de um milhão de casas.

Esfriando a água

A água pode reter mais calor do que quase todas as outras substâncias. Em casas com sistema de aquecimento central, um labirinto de canos distribui água quente da caldeira pela casa e depois a leva de volta para a caldeira. Um processo semelhante acontece nas usinas de geração de energia, onde a água libera calor das fornalhas para as turbinas que movem o gerador, produzindo eletricidade. A água é então resfriada em torres gigantes e levada de volta para ser reutilizada.

Do carvão para o café

A maioria das usinas de geração de energia utiliza petróleo, gás ou carvão, apesar de outros combustíveis (de urânio a esterco de galinha) poderem substituí-los. O combustível libera calor, que ferve a água para criar vapor. O vapor então é levado para um gerador, produzindo eletricidade.

As chaminés liberam os gases produzidos na fornalha que não podem ser aproveitados.

O vapor move as pás dentro da turbina.

A fornalha queima o combustível para liberar calor.

A água ferve por causa do calor produzido pela fornalha e libera vapor.

O combustível – seja carvão, gás ou petróleo – é levado até a fornalha pelos canos.

Eletricidade vinda do gás

O gás é o mais "limpo" dos combustíveis fósseis. Quando queimado em uma usina de geração de energia, ele produz muito menos poluição e emite menos da metade do dióxido de carbono que uma estação movida pela queima de carvão.

Eletricidade vinda do petróleo

Usinas de geração de energia que funcionam com a queima de petróleo são normalmente construídas próximo a refinarias de petróleo.

Eletricidade vinda do carvão

O carvão é utilizado para produzir mais de 40% da eletricidade mundial – mais do que qualquer outro combustível. Quase metade das usinas de geração de energia movidas pela queima do carvão está em apenas dois países: Estados Unidos e China.

Queda de energia

A eletricidade está tão presente em nossas vidas que só notamos que ela existe quando pára de funcionar. A maioria das quedas de energia acontece depois de tempestades fortes ou condições climáticas muito severas. Em 1998, uma tempestade de gelo na América do Norte deixou mais de três milhões de pessoas sem energia elétrica. Dez pessoas morreram, vôos e viagens de trem foram cancelados e muitas casas ficaram sem eletricidade durante dias.

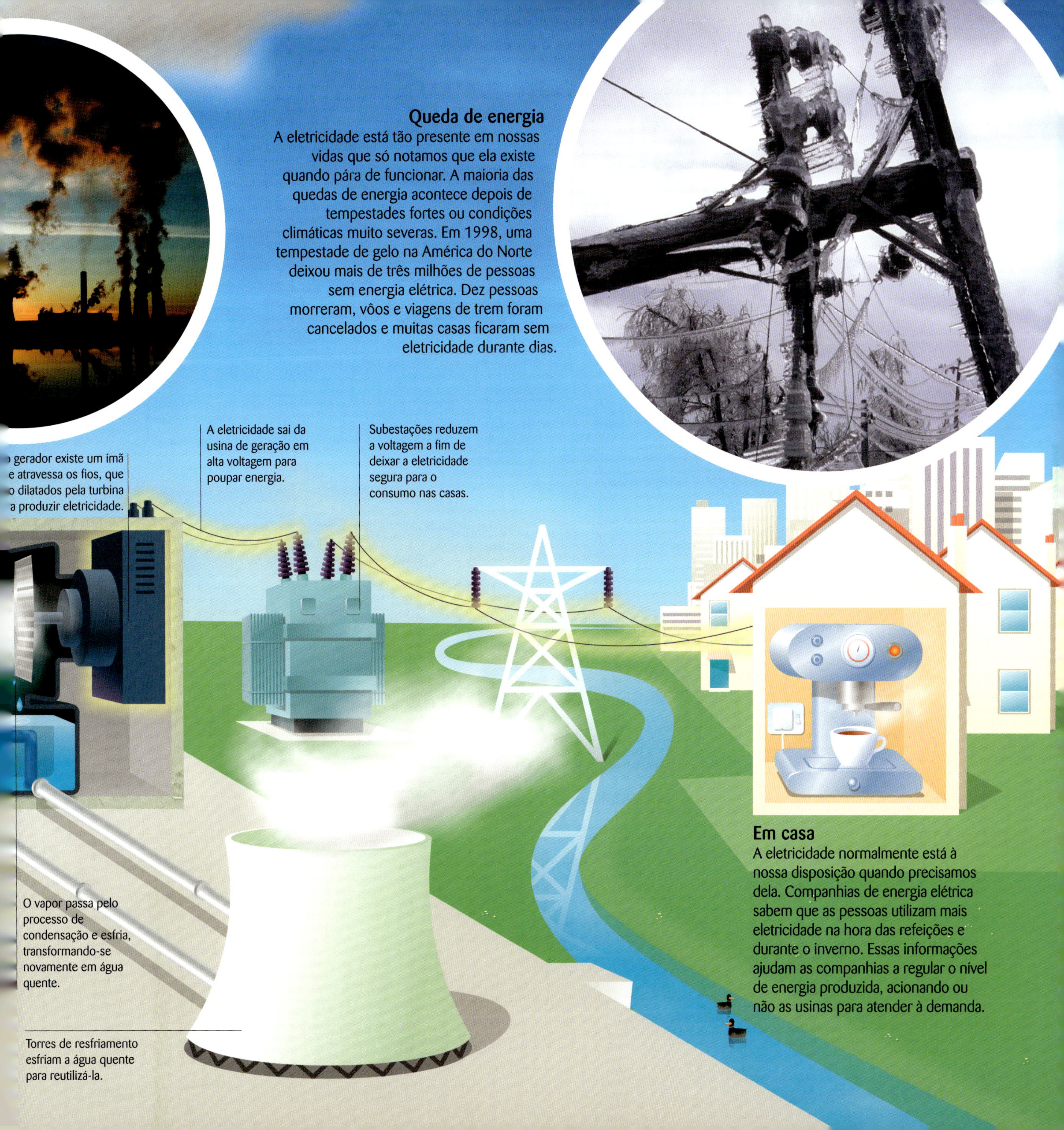

gerador existe um ímã
e atravessa os fios, que
o dilatados pela turbina
a produzir eletricidade.
A eletricidade sai da usina de geração em alta voltagem para poupar energia.
Subestações reduzem a voltagem a fim de deixar a eletricidade segura para o consumo nas casas.
O vapor passa pelo processo de condensação e esfria, transformando-se novamente em água quente.
Torres de resfriamento esfriam a água quente para reutilizá-la.

Em casa

A eletricidade normalmente está à nossa disposição quando precisamos dela. Companhias de energia elétrica sabem que as pessoas utilizam mais eletricidade na hora das refeições e durante o inverno. Essas informações ajudam as companhias a regular o nível de energia produzida, acionando ou não as usinas para atender à demanda.

Energia no nosso mundo

O Canadá produz 52% mais energia do que consome.
Os Estados Unidos, incluindo o Alasca, consomem cerca de um terço a mais da energia do que produzem.
O Reino Unido produz 11% mais energia do que consome.
A França consome duas vezes mais energia do que produz.
A América Latina produz 42% mais energia do que consome.
A Europa, no total, consome 16% mais energia do que produz.

Produtores e consumidores
Neste mapa-múndi, as áreas sólidas mostram quanta energi certos países ou continentes produzem. As áreas delineadas comparam a quantidade de energia que produzem e a que consomem. Quando as áreas sólidas ultrapassam as áreas delineadas, significa que esses países ou continentes produzem mais energia do que consomem. Quando ocorre o contrário, significa que os países ou continentes envolvidos consomem mais energia do que produzem.

Dutos
Petróleo e gás são transportados pela terra em dutos, como este que atravessa 1.300 quilômetros serpenteando o Alasca. Metade do duto está suspenso por hastes para evitar que o óleo quente dentro dele derreta o solo congelado abaixo dele.

O mundo é um lugar faminto por energia. No entanto, os suprimentos de petróleo, gás e carvão não são igualmente distribuídos, o que significa que alguns países produzem mais do que precisam e outros precisam mais do que podem produzir. Os países ricos em energia vendem os seus combustíveis fósseis para os países com baixa oferta de matéria-prima, transportando-os, por dutos e navios, para qualquer lugar onde são necessários. A energia renovável, como a eólica e a hidrelétrica, permite que alguns países possam se auto-sustentar na produção de energia.

Mineradora de carvão
Algumas das maiores minas de carvão do mundo estão localizadas em Wyoming, nos Estados Unidos. Dez minas de carvão de grande porte produzem quase 40% do carvão dos Estados Unidos – um combustível que produz metade da energia do país. Essas minas gigantes utilizam os maiores caminhões fabricados no mundo, cada um com capacidade para transportar mais de 400 toneladas de carvão. A maior produção mundial de carvão se encontra na China, seguida pelos Estados Unidos e pela Índia.

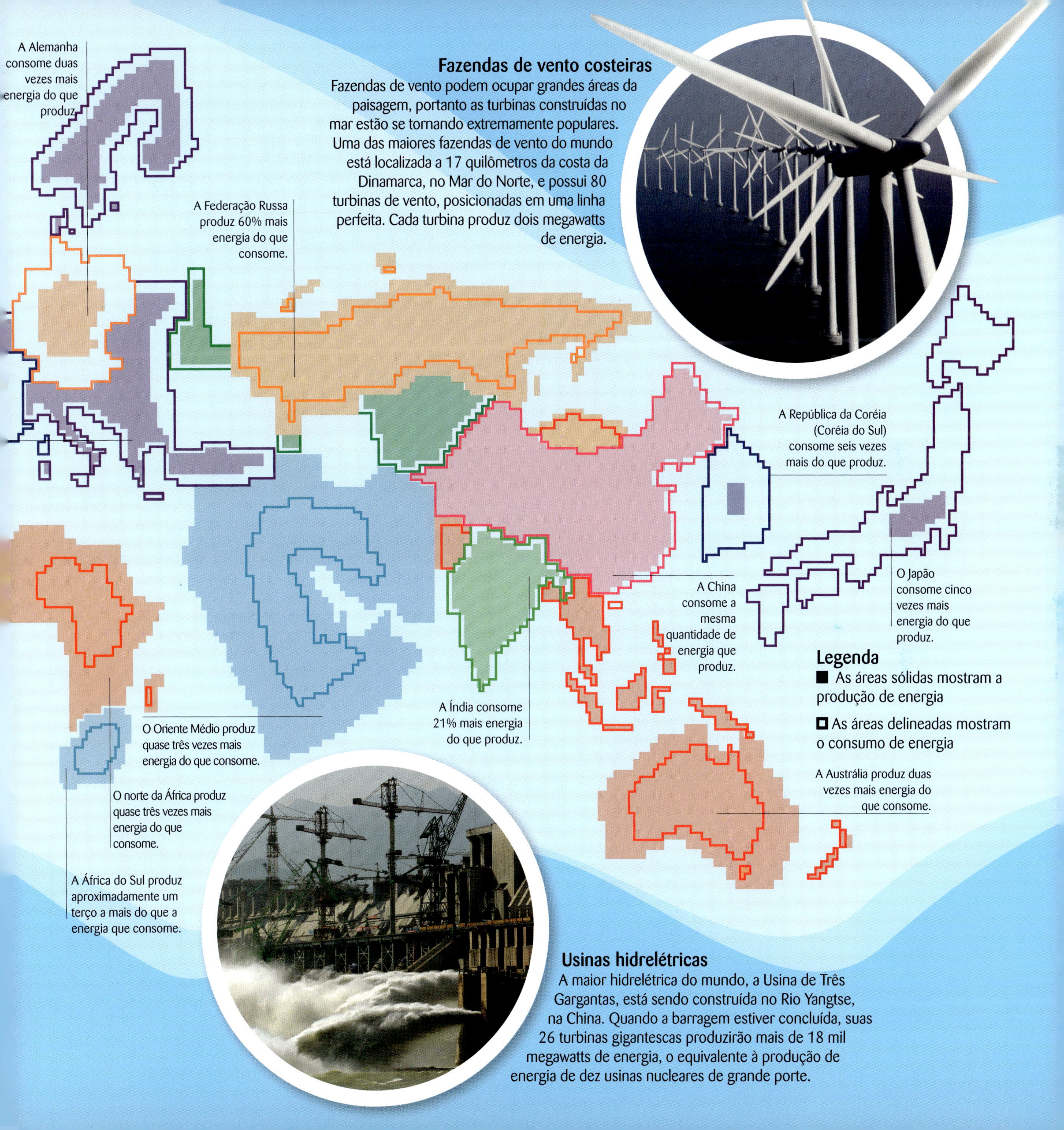
A Alemanha consome duas vezes mais energia do que produz.
A Federação Russa produz 60% mais energia do que consome.
A República da Coréia (Coréia do Sul) consome seis vezes mais do que produz.
A China consome a mesma quantidade de energia que produz.
O Japão consome cinco vezes mais energia do que produz.
Legenda
■ As áreas sólidas mostram a produção de energia
□ As áreas delineadas mostram o consumo de energia
O Oriente Médio produz quase três vezes mais energia do que consome.
A Índia consome 21% mais energia do que produz.
O norte da África produz quase três vezes mais energia do que consome.
A África do Sul produz aproximadamente um terço a mais do que a energia que consome.
A Austrália produz duas vezes mais energia do que consome.

Fazendas de vento costeiras

Fazendas de vento podem ocupar grandes áreas da paisagem, portanto as turbinas construídas no mar estão se tornando extremamente populares. Uma das maiores fazendas de vento do mundo está localizada a 17 quilômetros da costa da Dinamarca, no Mar do Norte, e possui 80 turbinas de vento, posicionadas em uma linha perfeita. Cada turbina produz dois megawatts de energia.

Usinas hidrelétricas

A maior hidrelétrica do mundo, a Usina de Três Gargantas, está sendo construída no Rio Yangtse, na China. Quando a barragem estiver concluída, suas 26 turbinas gigantescas produzirão mais de 18 mil megawatts de energia, o equivalente à produção de energia de dez usinas nucleares de grande porte.

No subsolo

Mais de três quartos das pessoas nos países desenvolvidos vivem em cidades, locais onde a maior parte da energia mundial é consumida. As áreas urbanas estão cheias de pessoas sempre ocupadas, portanto a energia precisa viajar pelo subsolo para chegar onde é necessária. Os canos mais profundos podem estar localizados a mais de 300 metros abaixo do nível da rua.

Nível da rua

Carros andam pelas cidades, convertendo combustível em calor, som e movimento. Pessoas correm de um lado para o outro. Ondas invisíveis de transmissão de rádios, televisões e telefones celulares percorrem o ar. Tamanho movimento aleatório de energia está a apenas alguns metros de distância do sistema de gerenciamento de energia abaixo dos nossos pés.

Os cabos de força são bem isolados (enrolados em fita plástica) por uma questão de segurança.

Caminhos da energia

A energia percorre diversos caminhos sistematizados através de uma rede de canos e cabos. As linhas de energia e os cabos de telecomunicações ficam próximos à superfície, os canos de água ficam abaixo destes e os de esgoto mais abaixo ainda.

A água é transportada pelos canos pela gravidade ou empurrada pela pressão.

O cabo coaxial (fios dentro de fios) carrega o sinal da TV a cabo.

Cabos de fibra óptica podem carregar milhões de ligações telefônicas e conexões de internet na forma de pulsos luminosos.

O gás corre pelos canos porque se encontra sob pressão.

Alguns canos antigos de madeira ainda podem estar nas galerias

Canos embaixo da terra

Os canos precisam ser feitos para durar décadas no subsolo. Os primeiros canos eram feitos de madeira e foram substituídos por canos de ferro fundido, um material que tende a enferrujar e provocar vazamentos. Atualmente, os canos são feitos de plástico, concreto ou aço. Os canos costumam medir entre dois centímetros e seis metros de diâmetro.

Canos de esgoto utilizam a força da gravidade para movimentar os detritos.

Sistemas de transporte subterrâneos possuem um complexo sistema de dutos de ventilação para levar o ar da superfície para baixo.

Escadas rolantes convertem energia elétrica em energia de movimento.

Calor desperdiçado é gerado pelos trens quando comprimem o ar dentro dos túneis, como uma bomba de pneu de bicicleta.

Cabo de fibra óptica

Os sinais de telefones, televisões a cabo e conexões de internet viajam abaixo dos nossos pés como pulsos luminosos em cabos de fibra óptica. A luz viaja mais rápido que qualquer outro tipo de energia, por isso é perfeita para as comunicações, já que há pouco atraso entre o envio e o recebimento de um sinal.

Dispositivos elétricos, escondidos entre os trilhos, alimentam o trem com energia elétrica.

Os canos de água mais profundos, na cidade de Nova York, ficam a 300 metros abaixo da superfície.

No futuro, os canos terão de ser enterrados numa profundidade ainda maior, pois é o único local onde ainda há espaço para mais canos.

Máquinas de escavação

Tuneladoras, também chamadas "tatuzões", são máquinas utilizadas para a escavação de túneis por onde irão passar trens subterrâneos. Na parte frontal da máquina, uma lâmina cortante gigante gira diversas vezes por minuto quebrando as pedras e o solo, que são levados para a parte traseira da máquina e depois jogados fora. Uma máquina como esta pode cavar por dia 75 metros de um túnel.

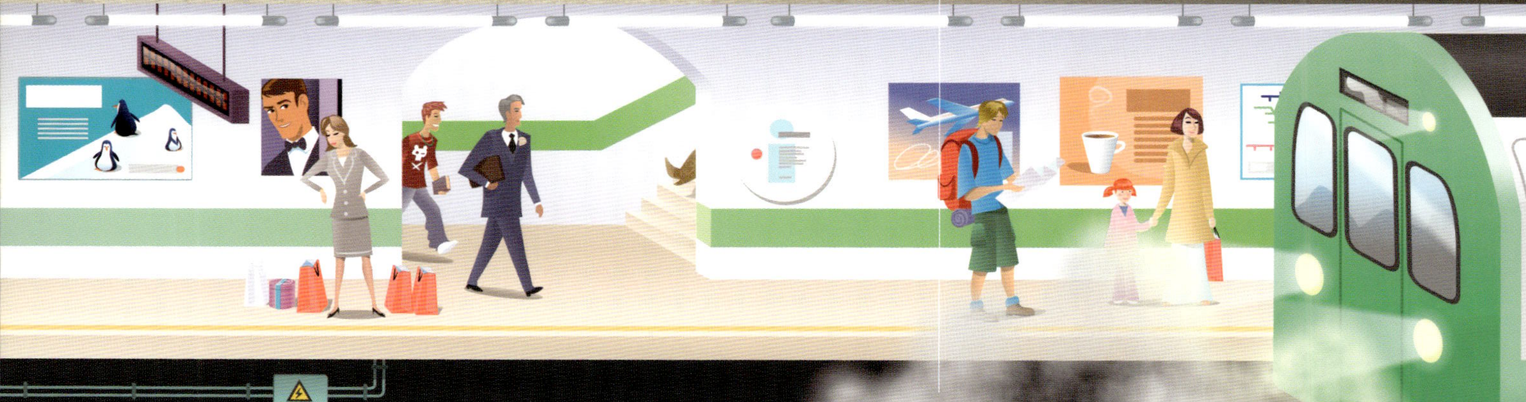

O futuro

Os combustíveis fósseis se formaram há milhões de anos, e atualmente 80% da energia gasta por nós provém deles. No entanto, isso precisa ser modificado, uma vez que esse tipo de combustível está criando um problema chamado aquecimento global. Utilizar combustíveis fósseis polui as cidades e aumenta as tensões mundiais, porque alguns países possuem menos do que outros. É estimado que, no ano de 2025, as nações industrializadas irão consumir um terço a mais da energia que consomem hoje, já a estimativa para os países em desenvolvimento sobe para o dobro. Situação que pode gerar uma crise energética.

Chaminés captam o vento e economizam energia utilizando o ar quente e "velho" que sai para aquecer o ar fresco que entra.

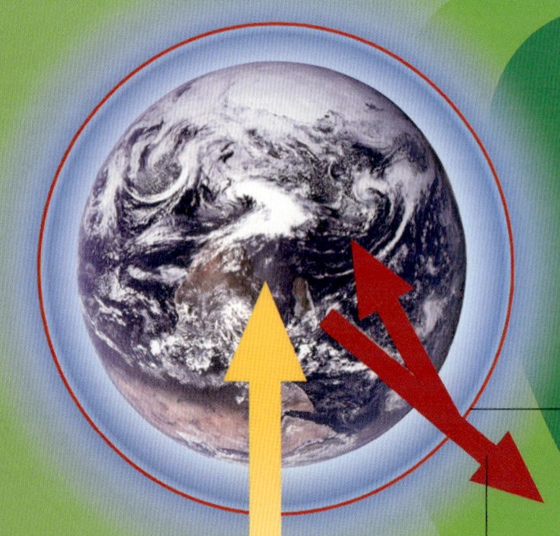

A atmosfera terrestre prende um pouco do calor do Sol.

O calor do Sol aquece a Terra.

Sol

Um pouco do calor é refletido para fora da Terra.

Aquecimento global

Gases liberados na atmosfera, como dióxido de carbono e metano, prendem o calor do Sol entre a superfície terrestre e a atmosfera, aquecendo nosso planeta. A queima de combustível fóssil libera dióxido de carbono na atmosfera e aumenta o efeito estufa, aumentando a temperatura da Terra. É o aquecimento global, que causa um impacto dramático no clima, e gera alterações no meio ambiente.

Casas auto-sustentáveis

O BedZED (Urbanização Energia Zero de Beddington), em Londres, é um projeto de casas e escritórios que produzem sua própria energia por meio de painéis solares e foram fabricadas com materiais recicláveis, para poupar energia durante a construção. Elas possuem também uma usina de biocombustível que queima madeira.

Edifícios Carbono Zero

Esta fábrica em Freiburg, na Alemanha, produz 25% da energia que consome; para isso, painéis solares captam um pouco de energia; o restante vem de uma usina movida pelo óleo de canola, um biocombustível. Desde que foi construída, toda a sua energia vem de fontes renováveis, e a absorção e emissão do dióxido de carbono são balanceadas, por isso ela não contribui para o aquecimento global.

Grandes extensões de vidro prendem o calor do Sol e reduzem a necessidade de se utilizar aquecimento central.

As paredes externas de toda a construção têm uma espessura de 30 centímetros de isolantes térmicos que reduzem a perda de calor.

Energia local

Estações de energia, em locais remotos, fornecem a maior parte da nossa eletricidade. Mas dois terços dela é desperdiçada no percurso que faz até chegar a nós. A solução para isso são as chamadas "microestações", em que cada prédio produz parte da sua energia com turbinas de vento, painéis solares ou usinas de biocombustível.

Carros solares

O Sunraycer, um carro solar futurístico, ganhou uma corrida de 3.140 quilômetros a uma velocidade de 113 km/h. Ele produz sua energia por meio de painéis solares presos em toda a sua extensão. Baterias dentro do carro fazem funcionar o motor elétrico que move as rodas.

Fatos e curiosidades

Existem mais de 500 milhões de carros na Terra – um para cada 13 pessoas. No ano de 2040 existirão duas vezes mais do que isso.

A Austrália é líder mundial de exportação de carvão.

Um ônibus emite dez vezes menos dióxido de carbono do que um carro em um percurso curto.

Os meios de transporte utilizam mais de 50% do petróleo mundial.

O Oriente Médio produz quase um terço do petróleo mundial, e a Arábia Saudita é a nação que fornece mais petróleo.

O uso de energia eólica é o que tem se expandido mais rapidamente no mundo.

Cada gerador elétrico na usina Hoover Dam pesa mais do que quatro Jumbos carregados.

Uma lâmpada de baixo consumo dura dez vezes mais do que uma lâmpada comum e consome um quinto da energia.

A população da China é quatro vezes maior do que a dos Estados Unidos, mas consome metade da energia.

As pessoas da África e da Ásia utilizam mais de três quartos da lenha consumida no mundo, principalmente para cozinhar ou para aquecer suas casas.

Existe tanto calor preso no interior da Terra que a temperatura do seu núcleo pode chegar a 7.000°C (12.600°F).

Reciclar uma lata de alumínio pode poupar energia suficiente para manter uma televisão ligada por três horas.

O Canadá possui um abundante potencial geotérmico, mas, até o momento, nenhuma energia geotérmica foi aproveitada.

Uma cesta de comida importada causa a emissão de mais dióxido de carbono durante seu transporte do que uma família média emite cozinhando por seis meses.

O motor principal de um ônibus espacial produz quatro vezes mais energia do que a usina hidrelétrica Hoover Dam, nos Estados Unidos.

As pessoas que vivem em Manhattan, Nova York, podem ter suas casas aquecidas pelo vapor liberado por canos no subsolo.

Usinas de energia nuclear são tão controversas que podem demorar mais de dez anos para serem planejadas, projetadas e construídas.

O gêiser Old Faithful, localizado no Parque Nacional Yelowstone, nos Estados Unidos, pode liberar 32 mil litros de água em uma única erupção de 4,5 minutos de duração.

Aproximadamente 40 mil pessoas no mundo podem, eventualmente, morrer em conseqüência da poluição produzida pela explosão nuclear de Chernobyl, ocorrida em 1986.

Em 1879, Thomas Edison – o pioneiro da eletricidade – teria dito: "Nós vamos produzir eletricidade tão barata que somente os ricos comprarão velas".

A quantidade de concreto usada na construção da usina Hoover Dam seria suficiente para construir um pavimento de 1,20 metros de largura ao redor da Terra.

Na cabeça de um alfinete cabem 200 trilhões de átomos de urânio.

Você pode produzir eletricidade com a incineração do lixo, mas precisaria queimar quatro vezes mais lixo do que carvão para liberar a mesma quantidade de energia.

Apesar de os combustíveis fósseis estarem acabando, é esperado que eles forneçam 90% da energia mundial no ano de 2020; atualmente fornecem de 70% a 80% da energia mundial.

A Dinamarca incinera metade do seu lixo para produzir eletricidade, mais do que qualquer outro país.

Mais de 70 milhões de barris de petróleo são extraídos do solo diariamente.

Em 1903, Thomas Edison eletrocutou um elefante com um sistema de geração de eletricidade fabricado por um rival, para provar que era mais perigoso do que o dele.

Os EUA possuem mais reservas de carvão do que qualquer outro país. Algumas dessas minas de carvão estão a mais de 300 m de profundidade.

Uma em cada quatro pessoas no mundo não tem acesso a eletricidade.

Se o consumo de energia mundial continuar a crescer na velocidade atual, em 2035 ele terá dobrado e, em 2055, triplicado.

Desligar o monitor de um computador durante a noite poupa energia suficiente para imprimir 800 folhas de papel.

O petróleo é o combustível mais utilizado no mundo, fornecendo cerca de 35% da nossa energia. O carvão fica em segundo lugar, fornecendo 24% de nossa energia e, em terceiro, está o gás, com 21%.

Os Estados Unidos produzem mais de um terço da energia geotérmica do mundo – mais do que qualquer outro país.

A França produz 78% da sua energia em usinas nucleares – mais do que qualquer outro país –, entretanto os Estados Unidos possuem o maior número de usinas nucleares: 103.

A maior usina solar do mundo se encontra na cidade de Espenhain, na Alemanha, e tem 35 mil painéis solares, produzindo eletricidade suficiente para abastecer 1.800 casas.

Linha do tempo

A energia realiza diversas jornadas ao redor do mundo – mas os nossos esforços para dominar a produção de energia também resultaram em uma longa jornada através do tempo. Desde o dia em que o Sol começou a brilhar, há bilhões de anos, até a construção de uma nova usina elétrica gigante no século XXI, as pessoas descobriram maneiras cada vez mais sofisticadas de produzir energia.

4–5 bilhões de anos atrás
O Sol começa a brilhar.

10 milhões–3000 A.C.
As pessoas inventam mais ferramentas para facilitar o trabalho (utilizando a energia do corpo de forma mais eficiente).

1–2 milhões de anos atrás
Humanos descobrem o fogo.

3500 A.C.
Invenção da roda na Mesopotâmia (agora Iraque).

cerca de 600 A.C.
Descoberta a eletricidade estática pelo filósofo grego Tales de Mileto.

27 D.C.
A roda d'água é inventada pelo engenheiro romano Vitruvius.

62. D.C.
O cientista grego Helon de Alexandria inventa um motor a vapor.

cerca de 100
Primeira utilização do carvão como combustível, realizada pelos romanos.

cerca de 600
Invenção dos moinhos de vento no Oriente Médio.

cerca de 1700
Os ingleses Thomas Savery e Thomas Newcomen aprimoram o motor a vapor.

por volta de 1700
O holandês Christiaan Huygens concebe o motor de combustão interna, mas não chega a construí-lo.

1800
O cientista italiano Alessandro Volta inventa a bateria (ou "pilha de Volta" como era inicialmente conhecida).

1821
O inglês Michael Faraday inventa um motor elétrico rude.

por volta de 1830
O inglês desenvolve o primeiro motor elétrico que funciona.

1831
Michael Faraday demonstra o princípio por trás de um gerador elétrico existente nos dias de hoje.

1843–1847
O cientista inglês James Prescott Joules explica a teoria de conservação de energia.

1849
O engenheiro James Francis, nascido na Inglaterra, inventa um tipo de turbina de água, hoje utilizada na maioria das usinas hidrelétricas.

1859
O primeiro poço de petróleo é drenado, na Pensilvânia, Estados Unidos.

por volta de 1860
Étienne Lenoir, da Bélgica, inventa um motor de combustão interna, e o alemão Nikolaus Otto constrói o primeiro que funciona.

por volta de 1870
Os engenheiros alemães Karl Benz e Gottlieb Daimler desenvolvem, de forma independente, os primeiros carros.

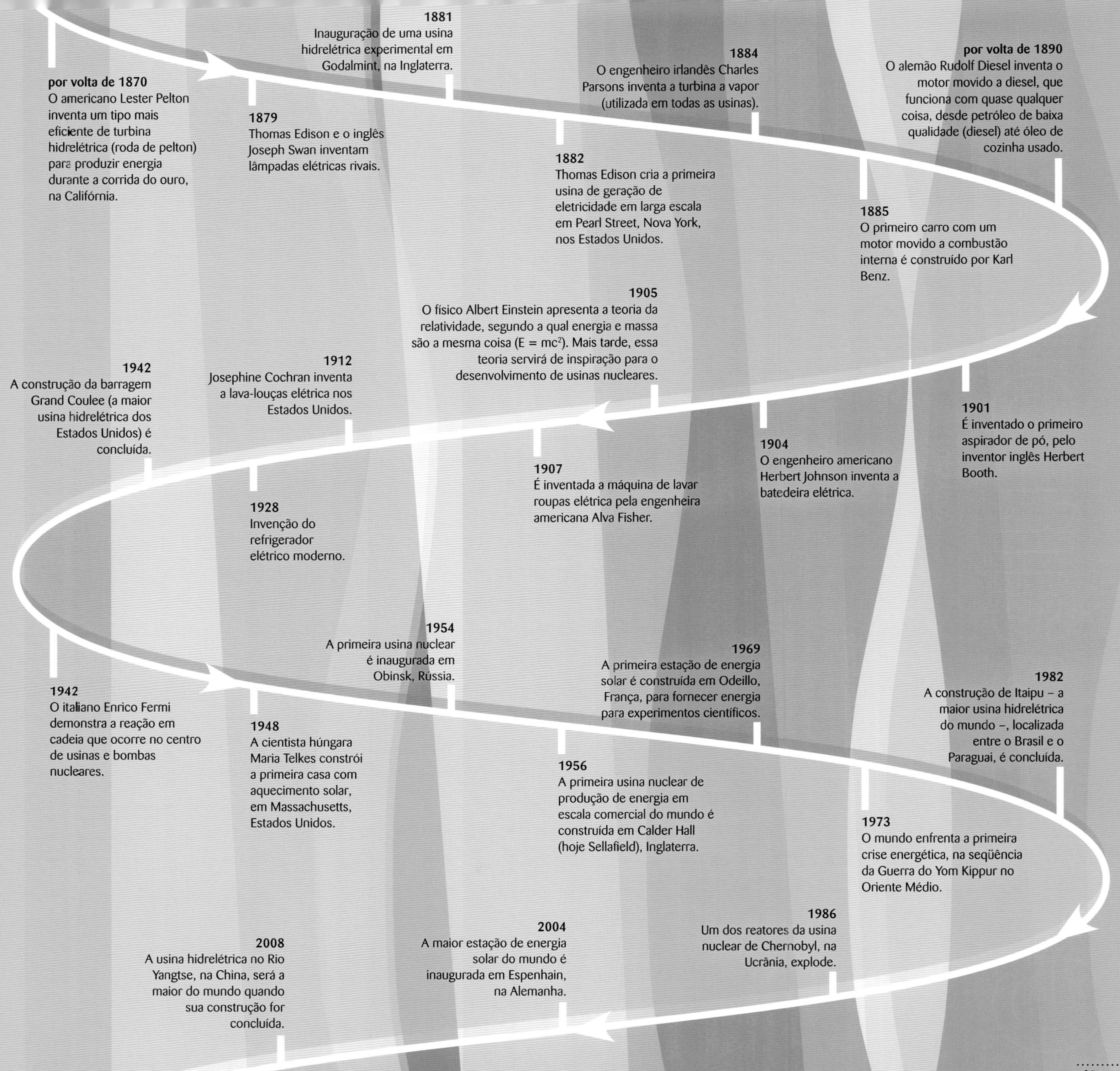

por volta de 1870
O americano Lester Pelton inventa um tipo mais eficiente de turbina hidrelétrica (roda de pelton) para produzir energia durante a corrida do ouro, na Califórnia.

1879
Thomas Edison e o inglês Joseph Swan inventam lâmpadas elétricas rivais.

1881
Inauguração de uma usina hidrelétrica experimental em Godalmint, na Inglaterra.

1882
Thomas Edison cria a primeira usina de geração de eletricidade em larga escala em Pearl Street, Nova York, nos Estados Unidos.

1884
O engenheiro irlandês Charles Parsons inventa a turbina a vapor (utilizada em todas as usinas).

1885
O primeiro carro com um motor movido a combustão interna é construído por Karl Benz.

por volta de 1890
O alemão Rudolf Diesel inventa o motor movido a diesel, que funciona com quase qualquer coisa, desde petróleo de baixa qualidade (diesel) até óleo de cozinha usado.

1901
É inventado o primeiro aspirador de pó, pelo inventor inglês Herbert Booth.

1904
O engenheiro americano Herbert Johnson inventa a batedeira elétrica.

1905
O físico Albert Einstein apresenta a teoria da relatividade, segundo a qual energia e massa são a mesma coisa ($E = mc^2$). Mais tarde, essa teoria servirá de inspiração para o desenvolvimento de usinas nucleares.

1907
É inventada a máquina de lavar roupas elétrica pela engenheira americana Alva Fisher.

1912
Josephine Cochran inventa a lava-louças elétrica nos Estados Unidos.

1928
Invenção do refrigerador elétrico moderno.

1942
A construção da barragem Grand Coulee (a maior usina hidrelétrica dos Estados Unidos) é concluída.

1942
O italiano Enrico Fermi demonstra a reação em cadeia que ocorre no centro de usinas e bombas nucleares.

1948
A cientista húngara Maria Telkes constrói a primeira casa com aquecimento solar, em Massachusetts, Estados Unidos.

1954
A primeira usina nuclear é inaugurada em Obinsk, Rússia.

1956
A primeira usina nuclear de produção de energia em escala comercial do mundo é construída em Calder Hall (hoje Sellafield), Inglaterra.

1969
A primeira estação de energia solar é construída em Odeillo, França, para fornecer energia para experimentos científicos.

1973
O mundo enfrenta a primeira crise energética, na seqüência da Guerra do Yom Kippur no Oriente Médio.

1982
A construção de Itaipu – a maior usina hidrelétrica do mundo –, localizada entre o Brasil e o Paraguai, é concluída.

1986
Um dos reatores da usina nuclear de Chernobyl, na Ucrânia, explode.

2004
A maior estação de energia solar do mundo é inaugurada em Espenhain, na Alemanha.

2008
A usina hidrelétrica no Rio Yangtse, na China, será a maior do mundo quando sua construção for concluída.

Glossário

Aquecimento global
Aquecimento gradual da atmosfera terrestre e dos oceanos. O aquecimento global ocorre por causa do aumento de emissões de dióxido de carbono na atmosfera.

Átomo
A menor partícula que pode existir de um elemento químico. Um átomo é composto por um núcleo central e por elétrons que orbitam em torno dele.

Atrito
A energia resultante da fricção entre dois objetos que estão em contato um com o outro.

Bactéria
Um organismo unicelular que é encontrado em grande número em todos os tipos de hábitat, como o solo, a água e o corpo humano.

Big Bang
A explosão que se acredita ter sido o início do Universo, há cerca de 13,7 bilhões de anos.

Biodiesel
Um tipo de combustível fabricado com materiais como grãos de soja ou óleo vegetal reciclado que pode ser utilizado em máquinas a diesel.

Biomassa
Matéria de origem vegetal, usada para adubação ou para proteger o solo da erosão; ela também pode ser cultivada para ser utilizada como combustível.

Bolo amarelo
Urânio em pó, obtido durante a produção de combustível nuclear.

Calor
Energia armazenada pelos átomos e moléculas que se movimentam dentro de um objeto.

Calor desperdiçado
Energia térmica desperdiçada quando alguma coisa não está funcionando com eficiência. Motores de carros, estações de energia e o corpo humano desperdiçam uma parte do combustível que consomem na forma de calor desperdiçado.

Caloria
A medida de quanta energia alguma coisa contém, freqüentemente utilizada para se comparar alimentos. Uma caloria (nome reduzido de quilocaloria) corresponde a 4.185 Joules de energia.

Ciclo da água
A circulação da água entre a superfície terrestre e a atmosfera.

Cilindro
Recipiente de metal pesado, localizado dentro de um motor.

Combustão
Reação química na qual o combustível sofre uma queima junto com o oxigênio, produzindo dióxido de carbono e água, liberando energia térmica (calor).

Combustível
Matéria utilizada como fonte de energia que, quando queimada, produz calor, abastece motores ou produz uma reação nuclear.

Combustível fóssil
Combustível, como o petróleo, o gás ou o carvão, que se formou há milhões de anos a partir dos restos de plantas e animais.

Condução
Forma de transmissão de energia térmica que ocorre entre dois objetos quando estes se tocam.

Conservação de energia
Teoria que diz que a energia não pode nunca ser criada ou destruída, apenas modificada.

Convecção
Processo de "distribuição" ou troca de energia térmica gradual que ocorre entre os líquidos ou gases.

Corrente elétrica
Fluxo ordenado de partículas portadoras de energia elétrica dentro de um circuito fechado.

Crosta
Rochas que compõem a camada interior da superfície terrestre.

Dióxido de carbono
Gás produzido durante a queima de combustíveis que possuam átomos de hidrogênio e de carbono. O dióxido de carbono é liberado na atmosfera contribuindo para provocar mudança climática.

Dispositivo de ignição
A parte de um motor de combustão interna que produz uma faísca para iniciar a queima da mistura combustível.

Eficiência energética
Medida da quantidade de energia bem utilizada por alguma coisa comparada com a quantidade de energia que ela desperdiça.

Eletricidade
Uma forma de energia que envolve partículas carregadas, seja como uma corrente elétrica ou eletricidade estática.

Eletricidade estática
Um tipo de eletricidade que se concentra em um local, como a eletricidade em uma nuvem de trovoada.

Elétron
Partícula minúscula que carrega energia elétrica através de cabos e fios e também produz campos magnéticos.

Emissões
Os gases desperdiçados que são liberados quando ocorre a queima de combustíveis.

Energia cinética
Energia que alguma coisa possui porque está em movimento ou convertendo energia potencial armazenada em outra forma de energia.

Energia potencial
Energia armazenada por um objeto que pode ser utilizada a qualquer momento.

Energia solar
A energia que vem do Sol.

Energia térmica
Outra forma de denominar o calc

Entropia
A idéia de que toda energia vi
na mesma direção – da orden
para o caos e nunca ao contra
Toda energia acaba na forma
caótica de calor desperdiçado

Etanol
Tipo de álcool que pode ser produzido a partir de plantas e utilizado para abastecer veículos.

Explosão
Uma liberação rápida de energia que provoca a expansão de um grande volume de gás a uma velocidade muito alta.

Fibra óptica
Utilização de fibras de vidro finas para transmitir sinais luminosos. A luz viaja pelas fibras em linha reta.

Fissão nuclear
Processo que produz energia pela divisão do núcleo de um átomo grande.

Força
A ação de puxar ou empurrar um objeto que pode modificar seu formato ou a forma como ele se move.

Fotossíntese
Reação química que ocorre dentro das plantas; utilizando a luz do Sol as plantas transformam água e dióxido de carbono em alimento.

Fotovoltaico
Tipo de painel solar que produz energia elétrica com a luz do Sol.

Fusão nuclear
Processo que produz energia com a união de dois ou mais átomos pequenos (ou fragmentos de átomos).

Gasohol
Mistura de etanol com gasolina utilizada, nos Estados Unidos, para abastecer motores de veículos.

Gêiser
Uma fonte de água quente e vapor que emerge de pontos fracos da superfície terrestre e é movimentada pela energia geotérmica do planeta.

Geotérmica
Tipo de energia térmica produzida pelas rochas quentes da crosta e do manto terrestre.

Gerador
Máquina fabricada com fios enrolados e ímãs que giram e produzem eletricidade.

Glicose
Um tipo de açúcar utilizado para armazenar e transportar energia dentro das plantas e animais.

Guindaste
Torre que sustenta uma coluna de perfuração de petróleo.

Hidreletricidade
Um método de se produzir eletricidade com a canalização da água de um rio, que passa por uma turbina que abastece um gerador.

Isolante
Um material que envolve um determinado objeto para diminuir a quantidade de energia térmica que pode sair ou entrar nele.

Joule
Medida de energia. Um quilojoule equivale a 1.000 Joules e um megajoule equivale a um milhão de Joules.

Magma
Rochas derretidas dentro da crosta e do manto terrestre.

Manto
Camada grossa de rochas derretidas, localizada entre a crosta terrestre e o núcleo.

Matéria
Substância física que possui massa e ocupa espaço.

Metano
Um gás feito de carbono e hidrogênio que pode ser queimado e utilizado como combustível.

Molécula
Conjunto de dois ou mais átomos unidos para produzir uma substância.

Morte térmica
Uma teoria que sugere que o Universo vai eventualmente ficar sem energia nenhuma, como uma bateria que vai descarregando.

Motor
Máquina que queima combustível para liberar calor e produzir energia mecânica. Ela converte energia em movimento.

Mudança climática
A mudança nos padrões climáticos da Terra, incluindo o aquecimento gradual da temperatura.

Núcleo
A parte central de um átomo, composta por pequenas partículas chamadas prótons e nêutrons.

PET scan
Tomografia por emissão de pósitrons, que exige a injeção de uma substância radioativa no paciente. Essa substância é percebida pelo "scanner", criando assim uma fotografia de parte do corpo.

Pistão
Um êmbolo que se movimenta dentro de um cilindro, convertendo energia térmica em energia mecânica.

Radiação
Um tipo de energia eletromagnética como a que o Sol libera.

Renovável
Uma fonte de energia que nunca vai acabar e será sempre reposta.

Resistência
A força opositora de uma corrente elétrica em um circuito, que faz com que uma parte da energia se transforme em calor.

Resistência do ar
É a força que o ar incide em objetos que estão em movimento, fazendo com que eles percam energia cinética.

Subestação
Uma pequena estação de energia elétrica que converte a energia de alta voltagem em energia de baixa voltagem.

Temperatura
Medida da quantidade de calor ou frio contida em alguma coisa.

Torre de resfriamento
Chaminé de uma estação de geração de energia que resfria a água para que ela possa ser reutilizada.

Turbina
Uma máquina que executa um movimento centrífugo quando um gás ou líquido passa por ela.

Ultravioleta
Um tipo de radiação eletromagnética encontrada na luz do Sol.

Urânio
Elemento radioativo pesado utilizado como combustível em usinas nucleares.

Vulcão
Um canal aberto na crosta terrestre que permite que as rochas derretidas (lava) sejam expelidas para fora durante uma erupção.

Watt
Medida da velocidade na qual a energia é consumida por algum objeto. Um watt é igual ao consumo de um Joule por segundo.

Wind chill
Quando a temperatura parece mais baixa do que realmente é, devido ao vento que sopra e remove energia térmica das coisas.

Zero Absoluto
Teoricamente, a menor temperatura possível (-273,15ºC ou -459,67ºF).

Índice

Créditos

O autor agradece às pessoas relacionadas abaixo pela generosa permissão para reproduzir suas fotografias.
Abreviações: a= em cima; b= embaixo; c= no centro; l= ao longe; e= à esquerda; d= à direita; t= no topo

2 DK Images: Alistair Duncan. **4 Getty Images**: Photographer's Choice / Gary S. Chapman (be). **4-5 DK Images**: Russell Sadur (c). **5 Alamy Images**: Kos Picture Source (cd). **DK Images**: Frank Greenaway (bc). **Rex Features**: Chris Balcombe (tc). **6 DK Images**: Brian Cosgrove (c). **6-7 Getty Images**: Photographer's Choice / John Lawrence (b). **7 Alamy Images**: blickwinkel (be); Jeff Morgan (tc). **DK Images**: Andy Crawford / Peter Minister (cd). Getty Images: Altrendo Images (bc). **8 DK Images**: Andy Crawford / Peter Minister (te). **8-9 Corbis**: Kevin Fleming (c). **9 Alamy Images**: A. T. Willett (tc). **Corbis**: John D. Norman (cda); Sygma / Patrick Robert (bc). **DK Images**: (c). **10 Alamy Images**: David Taylor (c). **Corbis**: Reuters / Claor Cortes IV (cd). **11 Corbis**: Christopher Morris (lce); Paul A. Souders (ce). **DK Images**: Demetrio Carrasco (cd). **Getty Images**: Image Bank / Grant Faint (bc). **NASA**: (lcd). **Science Photo Library**: Ian Hooton (be). **12 Alamy Images**: Steven May (bc); Janusz Wrobel (ceb). **Corbis**: Michael Prince (te). **12-13 Corbis**: David Arky (c). **13 Alamy Images**: Jon Arnold Images (d); Pacific Press Servce (tc). **Corbis**: Zefa / Dietrich Rose (c). **14 DK Images**: Clive Streeter (bd). **15 DK Images. 16 NASA**: 2004-34-b (bd). **17 Alamy Images**: David Hoffman Photo Library (td). **Corbis**: Paul C. Chauncey (bc). **Getty Images**: Romilly Lockyer (te). **18 Alamy Images**: Mark Sykes (be). **Corbis**: John Brecher (ce). **DK Images**: Andreas Einsiedel (bc) (bc) (bc); Emma Firth (te); Courtesy of the Natural History Museum, London / Colin Keates (bc) (bc). **18-19 Getty Images**: Stone / Keith Wood (c). **19 DK Images**: Steve Gorton (cd); David Peart (ce). **20 Alamy Images**: Transtock Inc. (c). **DK Images**: Linda Whitwam (bc). **20-21 NASA**: (c). **21 DK Images**: (be); Rob Reichenfeld (tc). **Rex Features**: Phil Rees (cd). **22 DK Images**: (c).
22-23 DK Images: Gerard Brown (c). **23 DK Images**: Jerry Young (bc). **24 Alamy Images**: The Photolibrary Wales (bd). **Science Photo Library**: Edward Kinsman (e). **25 Corbis**: Schlegelmilch (bd). **DK Images**: Christopher & Sally Gable (ce); Chris Stowers (td). **26 DK Images**: Steve Shott (ce); Tony Souter (td); Neil Sutherland (c). **27 Corbis**: Zefa / Estelle Klawitter (cd). **DK Images**: Alamy / Comstock (c); Trish Gant (te); Magnus Rew (td). **28 DK Images**: M. Balan (be). **Still Pictures**: Fritz Polking (bd). **28-29 DK Images**: Oxford Scientific Films / Tim Shepard (c). **29 Alamy Images**: Rick & Nora Bowers (cd). **DK Images**: Andy Crawford (bd); Francesca Yorke (td).
30 NASA: EIT Consortium (ESA/NASA) (be).
31 DK Images: NASA (td). **NASA:** ESA (bd); JPL / SOHO (c).
36 Corbis: (d); Australian Picture Library / John Carnemolla (c). **DK Images:** Courtesy of The Science Museum, London / Clive Streeter (ceb). **Science Photo Library:** US Department of Energy (be). **37 Photograph Courtesy of EFDA-JET**: (be). **Science Photo Library**: Lawrence Livermore Laboratory (ce); Hank Morgan (cd). **38 DK Images**: Demetrio Carrasco (ce). **Science Photo Library**: David Nunuk (bd). **39 Corbis**: Owaki - Kulla (t). DK Images: Sean Hunter (be); Chris Stowers (bd). **41 Alamy Images**: Tim Graham (d). **DK Images**: Andy Holligan (ce); James Stevenson (cb). **Getty Images**: Carsten Peter (te). **Michael Reinhardt**: (be). **42 DK Images**: Dave King (b). **43 DK Images**: Nigel Hicks (te); Rough Guides / Greg Ward (td). **http://sl.wikipedia.org**: (be). **44 Getty Images**: Stone / Tony Page (be); Taxi / Peter Adams (c). **44-45 DK Images**: Demetrio Carrasco (c). **45 DK Images**: Peter Anderson (be); Philip Dowell (cd); Dave King (td). Getty Images: Mark Wilson (bd). **Science Photo Library: US Department of Energy / NREL** (ce). **46 DK Images**: Mike Dunning (c). **46-47 Still Pictures**: Oed (c).
47 Corbis: Zefa / Joson (bd). **DK Images**: Andy Crawford (c); Nigel Hicks (tc). Getty Images: Stone+ / Tara Moore (be). **49 Alamy Images**: Eryrie (te). **Still Pictures**: Gene Rhoden (td). **50 Getty Images**: America 24-7 / Bobby Model (bd); Image Bank / Paul McCormick (ce). **51 Mads Eskesen**: (td). **Getty Images**: AFP Photo / Liu Jin (bc). **52 Alamy Images**: Andrew Holt (tc); Geraint Lewis (e). **53 Alamy Images**: qaphotos.com (tc). **Getty Images**: Dennis O'Clair (te). **54 DK Images: NASA** (ce).
54-55 Alamy Images: View Pictures Ltd (c). **55 Alamy Images**: Clynt Garnham (cd). **DK Images**: Courtesy of Phil Farrand / Dave King (bd). **Science Photo Library**: Martin Bond (tc)

Imagens da capa:
Science Photo Library: Alfred Pasieka (b). **4ª capa: Alamy Images**: Ace Stock Limited (cd); Kos Picture Source (bd); **DK Images**: Gerard Brown (ceb); **Getty Images**: Image Bank / Eric Meola (be); **Science Photo Library**: Alfred Pasieka (fundo); **Still Pictures**: Kent Wood (cea). **Back Flap: DK Images**: Frank Greenaway